検証と提言

能登半島地震

編

自治体問題研究所
自治労連・地方自治問題研究機構

自治体研究社

はしがき

　2024年1月1日に能登半島地震が起こった。マグニチュード7.6、最大震度7、死者549人、負傷者1393人、全壊家屋6483棟、半壊家屋2万3458棟という甚大な被害をもたらした[1]。

　元旦早々、地震の報道が全国を駆け巡り、状況の深刻さが次第に伝わってきた。多くの人々は、倒壊した家の映像に心を痛め、海岸が4メート以上も隆起した映像に驚き、見附島の崩落に衝撃を受けたのではないかと思う。また、避難所の体育館で雑魚寝している被災者を見て、約30年前の阪神淡路大震災とほとんど変わっていない状況に怒りを覚えた方も少なくないだろう。

　一方、まだ地元で復興計画の議論が進んでいない時期に、政府は今後の人口減少を念頭に置くと「集約化」も考えるべきではないかという発言した。復興のあり方を考えだそうとしていた地元から反発の声が出たのは当然である。

　今の科学技術で地震そのものを止めることはできないが、被害を軽減させることはできる。にもかかわらず、なぜ同じようなことが繰り返されるのだろうか。どこに問題があるのだろうか。一方、今回の地震は能登半島北部で起こった。今までの自然災害とは異なる点があるのだろうか。さらに、過疎地で起こった自然災害の復興について、政府は「集約化」と言っているが、それとは違った復興のあり方をどう考えたらいいのだろうか。

　さまざまな疑問や意見が出されていたなかで、自治体問題研究所と自治労連・地方自治問題研究機構が相談し、「能登半島地震合同研究

会」を設置することにした。同時に地元のいしかわ自治体問題研究所に研究会への参加を依頼した。

2024年6月11日に第1回合同研究会を開催し、12月までに7回の合同研究会を開催した。また、9月29日には第5回合同研究会を公開シンポジウムとして実施した（オンライン併用）。シンポジウムの最初には被災自治体から泉谷満寿裕珠洲市長に参加いただき、現地の状況、今後のあり方についてご報告いただいた。

自治体問題研究所は、1995年1月に発災した阪神淡路大震災後、研究会を設置し、研究成果として『大震災と地方自治』を刊行した[2]。また、2011年3月に発災した東日本大震災後にも研究会を設置し、『震災復興と自治体』を刊行した[3]。今回の研究会も今までの研究会と同じように、さまざまな研究分野の研究者で構成し、多角的な視点から分析したつもりである。

2024年9月には能登半島豪雨に襲われ、二重災害のようになっているにもかかわらず、「能登は忘れられたのではないか」という悲痛な声が地元から聞こえてくる。本書の刊行を通じて、決して忘れていないことを示したかった。また、地元では復興計画が策定され、本格的な復興に向けて動き出している。本書が復興を進めるにあたって、少しでも役立てばと考えている。そして、能登半島地震で生じたことは全国の過疎地で起こる可能性があり、多くの方々に実態を認識していただき、各々の地域で取り組んでいる防災対策の強化につながることを期待している。

能登半島地震の復興はこれから本格化する。本書を刊行して終わりではなく、自治体問題研究所、自治労連・地方自治問題研究機構は永い視点で復興にかかわり続けたいと考えている。

お忙しいなか、泉谷満寿裕珠洲市長にはシンポジウムに参加いただ

いた。そしてインタビュー、資料提供等で多くの方々にご協力いただいた。合同研究会事務局は、自治体問題研究所・吉川貴夫事務局長、自治労連・地方自治問題研究機構の小山国治事務局長、いしかわ自治体問題研究所の木村吉伸前事務局長に担当していただいた。本書の編集実務は自治体問題研究所の寺山浩司さんに担当していただいた。最後にご協力いただいた皆様方に感謝申し上げる。

2025 年 4 月

中山　徹

注

1　内閣府非常災害対策本部「令和 6 年能登半島地震に係る被害状況等について（令和 7 年 3 月 11 日 14 時現在）」。

2　大震災と地方自治研究会編『大震災と地方自治—復興への提言—』自治体研究社、1996 年 1 月。

3　岡田知弘・自治体問題研究所編『震災復興と自治体—「人間復興」へのみち—』自治体研究社、2013 年 11 月。

［目次］
検証と提言　能登半島地震

はしがき　　中山　徹　3

序　章　能登半島地震、復興のあり方を考える
　　……………………………………………中山　徹　13

　1　地震と被害の概要　13

　2　本気で国民を自然災害から守ろうとしているのか　14

　3　新自由主義的な自治体の再編が復旧、復興の支障に　17

　4　地震後の推移　19

　5　復興をめぐる危険な動き　23

　6　石川県創造的復興プランに対する危惧　26

　7　市町復興計画（案）の特徴　29

　8　復旧・復興の基本方向　31

第1章　能登多重災害の被害の諸相……………武田公子　37

　1　能登地域を襲った災害　37

　2　地盤災害・土砂災害とインフラの損壊　39

　3　避難形態の多様化・域外化と長期化　43

　4　仮設住宅をめぐる諸問題　48

第2章　自治体の財政対応…………………………桒田但馬　53

　1　災害財政対応の全体像　53

　2　生活・住宅と仕事の再建への対応　55

　3　インフラ復旧への対応　59

　4　市町の「追加」等支援　61

5　復興基金の検討　64

　6　財政対応の課題　67

第3章　地域経済からみた発災後の復旧活動と
　　　　復興計画……………………………………小山大介　73
　　　　─生活再建と生業再建の現状把握を中心として─

　1　災害の実態を捉えるために　73

　2　能登半島地震における地域経済・社会の被害実態　74

　3　能登半島地震における被害の広域性　76

　4　遅れる生活再建・生業再建と地域経済の復旧　78

　5　「惨事便乗型復興」と先行する復興計画　86

　6　地域に寄り添った復旧・復興に向けて　88

第4章　震災時の医療、介護の実際と課題……柳沢深志　91

　1　地震の特徴と医療介護に及ぼした影響・被害　91

　2　急性期の石川県の対応の概要　95

　3　被災地医療の実情　96

　4　金沢以南の医療状況　99

　5　広域避難の実態　101

　6　介護分野　103

　7　各医療団体の活動　105

　8　医療費・介護利用料をめぐる課題　107

　9　石川県の復興計画　109

　10　震災から1年を経て、現在の医療介護の課題　115

第5章　能登半島震災が示した移動の課題……西村　茂　119
　　　　―初動対応の教訓から―

　1　初動対応の遅れ　120
　2　道路の被災と復旧　122
　3　孤立地区　125
　4　自主避難所　128
　5　公共交通の被害と復旧　131
　6　移動の回復と移動できない生活への備え　132

第6章　耐震改修の現状と課題………………中山　徹　135

　1　住宅被害の特徴　135
　2　政府が進める耐震改修の現状と問題　139
　3　石川県、輪島市、珠洲市の耐震改修計画　141
　4　耐震改修は公費で進めるべき　145

第7章　小さな集落の存続のために………窪田亜矢　151
　　　　―なぜ被災集落の存続は難しいのか―

　1　なぜ被災集落の存続は難しいのか　151
　2　能登町白丸地区の歴史的変容　152
　3　能登町白丸地区の被害とその対応　157
　4　白丸地区の抱える困難さはどのように対応し得るのか　163
　5　小さな集落の存続のために　165

第8章　複合災害と原発‥‥‥‥‥‥‥‥‥‥‥‥‥立石雅昭　173
　　　―能登半島地震の教訓―

　　1　能登半島地震の志賀原発への影響　173
　　2　複合災害時、避難はできない　178
　　3　能登半島地震の教訓　181
　　4　地震は原発の最大のリスク　186

第9章　大災害と自治体職員‥‥‥‥‥‥戸室健作・黒田兼一　191

　　1　過酷な勤務環境に直面した被災自治体職員　191
　　　1　長時間勤務　191
　　　2　被災自治体職員の声　193
　　　3　背景にある職員数の急減　195
　　2　大規模災害と自治体職員の働き方　198
　　　1　復旧・復興が自治体の日常的基本業務と化した現実　198
　　　2　政府・総務省の基本方針　200
　　　3　災害と超長時間勤務の規制　203

第10章　持続可能な能登に向けた復興の課題
　　　‥‥‥‥‥‥‥‥‥‥‥‥‥‥‥‥‥竹味能成・武田公子　207

　　1　なりわいの復興に向けて　207
　　　1　人口減少の加速化　207
　　　2　過疎地域における「創造的復興」のあり方　209
　　　3　石川県および能登地域自治体の復興計画の特徴と問題点　210
　　　4　過疎化のいっそうの進行をくい止め地域の持続可能性を
　　　　高めるための、なりわいの復興の課題　212

目　次　11

2　住まいと暮らしの再建に向けて　214

　1　被災者生活再建支援制度とその課題　214

　2　多重被災にかかる支援の課題　216

　3　災害ケースマネジメント組織・体制の必要性　218

3　集落機能の再建　220

終　章　惨事便乗型「創造的復興」と「人間の復興」の
　　　　新たな対抗……………………………………岡田知弘　223
　　　　―被災地における地方自治とコミュニティ再生の重要性―

1　問題の所在　223

2　2024 能登半島地震の特徴と被害の特性　225

3　生活・産業基盤の破壊と原発　228

4　なぜ対応が遅れたのか　230

5　復旧・復興をめぐる問題と地方自治・住民自治　233

6　憲法の理念と地方自治を生かした復興を　238

7　憲法を被災地で生かす　241

序　章

能登半島地震、復興のあり方を考える

中山　徹

　能登半島地震発災後、1年以上が経過した。地元の市町も復興に向けて動き出しているが、序章では、復興を巡ってどのような問題があるのか、どのような復興を進めるべきかを考える。

1　地震と被害の概要

　2024年1月1日に能登半島地震が起こった。規模はマグニチュード7.6、震度7を記録したのは石川県志賀町、輪島市、震度6強を記録したのは七尾市、珠洲市、穴水町、能登町である（**図序−1**）。2024年12月24日時点で死者は489人（うち災害関連死261人）、行方不明者2人、負傷者1379人、全壊家屋6445棟、半壊家屋2万3225棟、一部破損家屋12万29棟である[1]。被害の詳細は第1章を参照。

　1980年以降、国内では死者30人を超える地震が8回起こっている。能登半島地震は東日本大震災、阪神淡路大震災に次いで、死者数は3番目である。

13

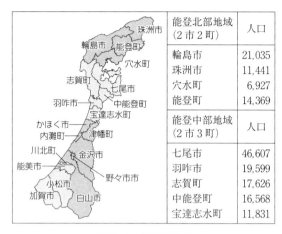

図序-1　行政区分図
注：人口は石川県「住民基本台帳」2024年11月30日時点。
出所：行政区分図は石川県webサイトから転載。

2　本気で国民を自然災害から守ろうとしているのか

1　なぜ、地域防災計画を見直さなかったのか

　現在の科学によって、地震や台風を防ぐことはできない。しかし政策によって、被害の軽減を図ることはできる。今回の能登半島地震をみると、行政が国民を自然災害から守ろうと本気で考えていたとは思えない。第1章以降で、具体的な内容に触れるため、ここでは3点だけ指摘しておく。

　被害の軽減や避難対策の前提になるのは被害想定である。石川県地域防災計画では、4つの地震の被害想定をしていた。そのうち「能登半島北方沖の地震」が、今回の能登半島地震の震源域に比較的近い。しかし、地震の規模はマグニチュード7で、最大震度は6弱で考えていた。そのため、想定していた石川県内の死者は7人、避難者は2781人で

あった。実際の地震による被害と想定を比較すると、死者は498人で71.1倍、建物の全壊は6077棟で50.6倍、避難者数は3万4173人で12.3倍である（**表序-1**）。このような小さな被害想定を行い、それを念頭に置いた防災対策を進めていたた

表序-1　被害想定と実際のずれ

	被害想定	実　際	実際／想定
マグニチュード	7	7.6	
最大震度	6弱	7	
死者数	7	498	71.1
負傷者数	211	1,254	5.9
避難者数	2,781	34,173	12.3
建物全壊（棟）	120	6,077	50.6

注：被害想定は「石川県防災計画」にある「能登半島北方沖の地震」の値。「実際」の避難者数は2025年1月4日、死者数、負傷者数、全壊は2024年12月27日の値、石川県危機対策課発表。
出所：注の資料により筆者作成。

め、今回の地震に対応できなかったと言える。能登半島では、2020年12月以降、群発地震が続いており、なぜ被害想定を見直さなかったのだろうか。

2　なぜ、避難所の改善を進めなかったのか

　また、日本の避難所の劣悪さは阪神淡路大震災以降、繰り返し指摘されている。体育館の冷たい床での雑魚寝、冷えた食事、プライバシーの無配慮など。その結果、地震では助かったものの、避難後に持病が悪化して亡くなったり、病気になって亡くなる方が後を絶たない。そのような方を災害関連死と呼んでいる。新潟県中越地震（2004年）では死者のうち76.5％が災害関連死、熊本地震（2016年）では81.3％が災害関連死であった。能登半島地震でも災害関連死が増え続け、2024年12月24日時点で261人の方が災害関連死と認定され、すでに死者全体の53.4％になっている（**図序-2**）。諸外国と比べて日本の避難所の劣悪さは際立っており、なぜ避難所の改善を進め、災害関連死を減らそうとしないのか。せっかく地震では命を落とさなかった人が、なぜ、避難後に命を落とさざるを得ないのか、疑問である。避難の具体

序　章　能登半島地震、復興のあり方を考える　15

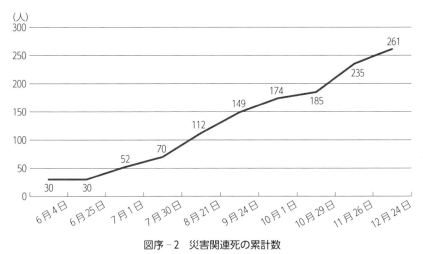

図序-2 災害関連死の累計数
注：亡くなった日ではなく、災害関連死として認定された日。
出所：内閣府「令和6年能登半島地震による被害状況等について（12月24日）」より筆者作成。

的な状況については第1章を参照。医療・介護をめぐる状況については第4章を参照。

3　なぜ、防災予算を拡充しないのか

　日本では毎年のように自然災害が起こり、多くの命が失われている。必要な予算を確保し、きちんとした対策を取れば、かなりの命が救えたはずである。2024年12月に総額13兆9310億円の2024年度補正予算が成立した。当初、政府が提案したのは「外交・安全保障環境の変化への対応」が1兆9584億円、うち「自衛隊等の安全保障環境の変化への的確な対応等」が8268億円。「自然災害からの復旧・復興」は6677億円、うち「能登地域の復旧・復興」は2684億円であった。その後、野党の修正要求を受け入れ、能登半島の復旧・復興を実質的に1000億円上乗せしている。

　財政法29条で補正予算について「内閣は、次に掲げる場合に限り、

予算作成の手続に準じ、補正予算を作成し、これを国会に提出することができる」とし、「法律上又は契約上国の義務に属する経費の不足」「予算作成後に生じた事由に基づき特に緊要となつた経費の支出」等としている。日本は憲法9条に基づき、他国に脅威を与えず、専守防衛を維持してきた。その結果、戦後80年近く経つが、日本の国内では戦闘行為による死者、負傷者は出ていない。自衛隊予算をゼロにしろとは言わないが、多額の補正予算をつける根拠はどこにあるのか。2024年度当初予算では想定されていなかった能登半島地震の復旧・復興の補正予算が、なぜ、自衛隊の強化に関する補正予算の3分の1以下の提案になるのか。本気で国民を救う、そのような立場に立たないと、いつまでたっても同じことを繰り返し、多くの人命が失われる。

3　新自由主義的な自治体の再編が復旧、復興の支障に

21世紀の初めに平成の大合併が強行された。これは国際競争には役に立たないとされた地方向けの予算の削減を目指した典型的な新自由主義的政策であった。今回の地震被害を受けた能登半島でも市町村合併が進められた。能登北部地域には元々2市4町1村あったが、平成の大合併を経て今では2市2町になっている。能登中部地域には2市9町あったが、今では2市3町である。市町の範囲が大きくなった一方で、役場が支所に替わって常駐する職員が大きく減っている。日頃から市民の声が行政に届きにくくなり、災害発生後は孤立する集落が増えた。自治体職員の状況については第9章で具体的にみるため、ここでは職員数の変化について概要を述べる。

市町村合併によって予算を削減するが、その最大の項目は市町村職員の減少による人件費の削減である。**図序−3**は能登北部地域、能登中部地域の2003年から2023年にかけての市町別職員削減率をみたも

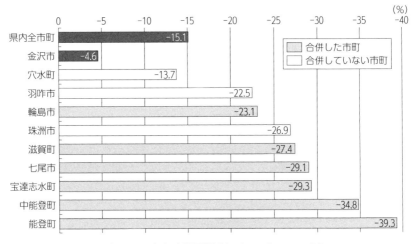

図序-3 一般行政職員増減率（2005年→2023年）

注：福祉関係を除いた職員数。
出所：総務省「平成17年地方公共団体定員管理調査結果」、同「令和5年地方公共団体定員管理調査結果」より筆者作成。

のである。石川県全市町の職員削減率は15.1%、能登北部地域、能登中部地域で市町村合併をしなかった2市1町（穴水町、羽咋市、珠洲市）の削減率は平均で22.3%である。それに対して能登北部地域、能登中部地域で市町村合併をした2市4町（輪島市、志賀町、七尾市、宝達志水町、中能登町、能登町）の削減率は平均で30%である。最も削減率が大きいのは能登町で39.3%である。

　能登半島地震直後、行政職員は集落の状況を把握し、避難所を開設し、市民の声に耳を傾け、被災者にさまざまな支援を行った。また復旧後は、市民とともに集落の復興について議論する。そのような重要な役割を果たす行政職員が新自由主義的な政策で大幅に減らされ、残った職員の相当部分が非正規化された。そのような状況が、復旧、復興の大きな妨げになっている。

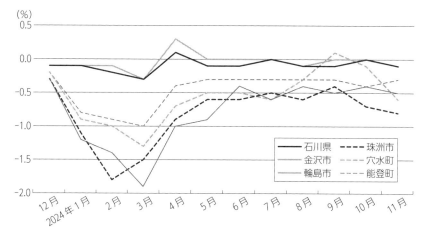

図序-4 人口対前月比増減率

注：人口は各月の末日。
出所：石川県「住民基本台帳人口のデータ」より筆者作成。

4 地震後の推移

1 大幅な人口減少

　地震発災後、能登北部地域の2市2町（輪島市、珠洲市、能登町、穴水町）の人口は大幅に減少している。**図序-4**は、人口の対前月増減比をみたものである。石川県、金沢市の人口はほとんど変わっていないが、2市2町は地震のあった1月から3月にかけて大幅に人口が減少している。4月以降減少率が小さくなっているものの、まだマイナス0.5％前後である。

　2023年12月～2024年11月の1年間で、珠洲市は10.2％の減少、輪島市は9.9％、能登町は6.1％、穴水町は5.7％の減少率である（**表序**

表序-2 人口の増減（人、％）
（2023年12月～2024年11月）

	人　口	増減率
石川県	-10,362	-0.9
金沢市	-1,708	-0.4
輪島市	-2,083	-9.9
珠洲市	-1,162	-10.2
穴水町	-818	-5.7
能登町	-420	-6.1
2市2町	-4,483	-8.3

出所：図序-4と同じ。

序　章　能登半島地震、復興のあり方を考える　19

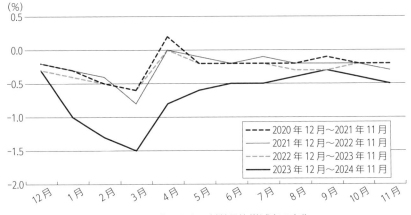

図序-5　2市2町人口対前月比増減率の変化

出所：図序-4と同じ。

-2)。石川県全体の減少率が0.9%なので、珠洲市、輪島市はその10倍になっている。ちなみに、この1年間で、2市2町合計で4483人の減少であり、この人数は穴水町人口のほぼ3分の2にあたる。

　図序-5は、各年12月から翌年11月までの2市2町の人口対前月比増減率を4年間にわたってみたものである。能登北部地域は過疎地であり、人口は漸減傾向にあったが、2023年12月から2024年11月の人口減少率は、それ以前の年と比べて明らかに大きい。先に書いたように、4月以降、減少率が小さくなっているが、それ以前の年と比べてまだ2倍程度の減少率である。地震からほぼ1年たっているが、能登北部地域から一時的に転出した人が戻りだしているのではなく、いまだ例年の2倍程度の率で人口が減っている。この点を直視する必要がある。

2　児童数の急減

　年齢別にみると子どもの減少が目立っている。図序-6は小学生の

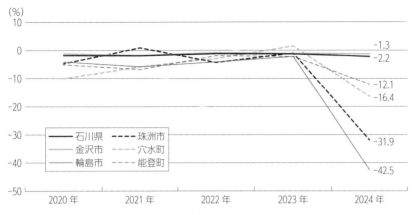

図序-6 児童数の変化（対前年度比、小学校）

注：各年5月1日時点。表中の数値は2023年から2024年の増減率（％）。
出所：石川県総務部「学校基本統計」（ただし2024年は速報）より筆者作成。

変化をみたものである。2023年5月1日時点と2024年5月1日時点の小学生を比べると、2市2町で平均マイナス29.1％の大幅な減少になっている。最も減少率が高いのは輪島市でマイナス42.5％、2市2町で484人の減少、これは2023年の能登町の小学生よりも多い。

　仮設住宅整備がなかなか進まず家庭での子どもの教育環境が整わない、上水の復旧が遅れ生活の再建が困難、通学路の安全確保が難しいなど、さまざまな理由で子育て世帯が能登北部地域から転出している。地元での教育環境が整うまでの期間、転校するつもりだったかもしれないが、転校期間が長くなると、新たな学校で交友関係が築かれ、再び能登北部地域に戻るのが難しくなる。早急な教育環境の整備が求められる。

3　地域経済の悪化

　地域経済については第3章で詳しくみるため、ここでは有効求人倍率の推移のみをみる。**図序-7**は石川県全体と能登北部2市2町の有効

序　章　能登半島地震、復興のあり方を考える　21

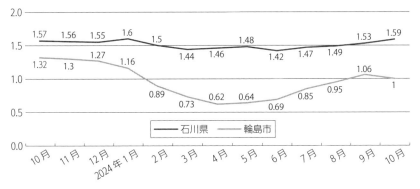

figure序-7　有効求人倍率の推移
注：輪島公共職業安定所の管轄は、輪島市、珠洲市、穴水町、能登町。
出所：石川労働局「最近の雇用失業情勢」2024年11月、輪島公共職業安定所「業務月報」2024年11月より筆者作成。

求人倍率の変化をみたものである。石川県全体の有効求人倍率をみると、2023年の後半は1.55程度、それが地震後は1.45程度までやや下がっているが、2024年10月にはほぼ地震前の水準に戻っている。それに対して2市2町の有効求人倍率は、元々1.3前後で低かったうえに、地震後は0.62まで下がり（2024年4月）、その後、次第に回復しているが2024年10月で1であり、まだ元の水準まで戻っていない。

　相当数の事業所が地震で被災し、中には再建途上で再び豪雨で被災した事業所も少なくない。生業の再建を急ぎ、「人口流失→事業所の減少→雇用の減少→地域経済の縮小→人口流失」という悪循環を「事業の再建→雇用の拡大→人口の回復→地域経済の再建→事業の再建」という好循環に早く変える必要がある。

5 復興をめぐる危険な動き

1 過疎地の集約化

　復興を巡って注意しなければならない動きが3つある。1つ目は、復興を通じた過疎地の集約化である。財務省は能登半島地震の復興について「今後の復旧・復興にあたっては、過去の災害における事例も教訓に、被災地の多くが人口減少局面にある中、将来の需要減少や、維持管理コストも念頭に置きながら、住民の方々の意向を踏まえつつ、集約的なまちづくりやインフラ整備の在り方も含めて、十分な検討が必要ではないか」という見解を発表した[2]。

　また土屋品子復興大臣（当時）は、被災地を視察した後の記者会見で、人口減少、自治体の財政状況を踏まえると、市長、町長に「集約化」を訴えていく必要があると述べている[3]。

　これは人口減少、将来需要、維持管理コストを考慮すると、震災前の地域で暮らし続けるのではなく、復興を契機に集落やインフラの集約化を進め、効率的な市町に再編すべきではないかという考えである。阪神淡路大震災の時は、それまでなかなか進めることができなかった大型開発を震災復興事業として一気に進めた。過疎地では大都市とは逆で、震災復興事業として、一気に集約化を進めたいという意向である。今までも地方で大きな自然災害があったが、発災直後にこのような「集約化」を政府から言い出したことはなく、今後、注意が必要である。

2 戦争できる国づくりの推進

　もう一つは、戦争できる国づくりの推進である。政府は九州、沖縄を中心に、米軍基地、自衛隊基地の再編強化を強力に進めている。中

心は、九州、沖縄だが、基地の再編は全国に及んでおり、特定利用空港・港湾の指定、弾薬庫の拡充、装備品の充実等も各地で進められている。

石川県・馳浩知事は 2024 年 3 月に開かれた復旧・復興本部会議で「国防の観点から申し上げればですね、半島におけるこの震災のときに万が一、国防の事案が起こったらどうするんだろう」、「今後どういう機能を、輪島分屯地や能登空港において持つべきなのか」と発言している[4]。また馳知事は防衛省を訪問した際、奥能登の防災、危機管理体制を強化するため、能登空港に隣接する石川県の奥能登総合事務所などに自衛隊 OB を配置することなどを要望したと報道されている[5]。

これは自衛隊の機能強化を図るという考えで、国が進める戦争できる国づくりを石川県としても復興を利用して進めるという考えである。また戦争できる国づくりに便乗することで、たとえば能登空港が特定利用空港に指定されると、能登空港の拡充や周辺整備を防衛予算で進めることができるということも視野に入れていると思われる。

3　国主導型の復興

3 つ目は、国主導の復興である。2024 年 6 月に地方自治法が改正された。このポイントは自治体に対して国の「指示権」を明記したことである。地方自治法第 252 条の 26 の 3 から 5 で、「国民の安全に重大な影響を及ぼす事態」が発生し、もしくはおそれがある場合、大臣は自治体に「指示」することができるとした。「事態」とは、「大規模な災害」「感染症のまん延」「その他」である。法改正に先立つ地方制度調査会の議論では、「国民の安全に重大な影響を及ぼす事態」を「非平時」と表現し、具体的には「自然災害」「感染症」「武力攻撃」を想定していた。地方自治法改正にあたって、「武力攻撃」を「その他」に替えたといえる。ちなみに「指示」というのは、地方自治法第 245 条の

3第6項にあるように、従わなければならないものである。

　憲法では、自治体と国は対等平等の関係になっている。そのため、国が自治体よりも優位な立場に立つ「指示」は極めて限定的に扱われている。それを今回、地方自治法という一般法に入れた。このことは、不十分ながらも進んできた、地方分権を再び中央集権に揺り戻す動きと考えていい。その最大の狙いは、戦争できる国づくりを進めるにあたって、自治が邪魔になるからである。しかし、戦前のような状態に一気に戻すことはできないため、さまざまな状況を活用して、国主導の統治機構作りを進めようとしている。それに利用しやすい状況が大規模な自然災害である。

　能登半島地震は1月に発災し、地方自治法改正は6月であったため、救助、復旧に、国が「指示」を出すことはできなかった。しかし、能登半島地震の復旧、復興には国の意向がかなり入り込んでいる。大規模な災害からの復旧・復興に乗じて、地方自治の形骸化を進めようという動きには注意が必要である。

　石破茂総理は「防災庁」の設置を重要課題とし、2024年11月に「防災庁設置準備室」を置き、2026年度に防災庁を設置する予定で準備を進めている。また、2024年12月には第1回防災立国閣僚会議を開催している。政府が防災対策を横断的に進めることは必要であるが、防災庁が国主導型を持ち込むのであれば、防災対策には有害になる。防災対策を適切に進めるためには、市町村が地域の状況を適切に把握し、市民とともに防災対策を進めることができるような状況を作り出さなければならない。防災庁がそのような視点で施策を進めるかどうか、注意する必要がある。

6 石川県創造的復興プランに対する危惧

1 創造的復興プランの構成

　石川県は、2024年6月に「石川県創造的復興プラン」を策定している。石川県創造的復興プランは「具体的取り組み」と「創造的復興リーディングプロジェクト」で構成されている。リーディングプロジェクトとは、具体的取り組みの中でも、「能登の人々が将来に向けて夢と希望が持てるような、そして、外からも多くの人々を引き付けるような、『新しい能登』を創造する夢のある思い切ったプロジェクト」、「活力あふれる能登を蘇らせる創造的復興の象徴」と説明されている。このリーディングプロジェクトに石川県が策定した復興計画の重点があるとみていい。

　「具体的取り組み」の内容は、「災害に強い地域づくり」「生業の再建」「暮らしとコミュニティの再建」にまとめられる。細かな点を除けば、後でみる市町の復興計画と重なっており、広域自治体の計画として適切だと思われる。

　それに対して「リーディングプロジェクト」は市町の復興計画とずれがあるだけでなく、県内での集約に繋がりかねない内容が含まれている。この点をみておこう。

2 県内での集約化につながる危惧

　リーディングプロジェクトの1番目は、「復興プロセスを活かした関係人口の拡大」である。これは、関係人口の拡大を進めようとするもので、その中心は「二地域居住」である。どのような二地域居住を想定しているのか、具体的にはよくわからない。ただし現在、能登以外で暮らしている方で、今後、金沢などの都市部に生活の拠点を置き、

週末は能登で暮らすような生活を想定している方がどの程度存在するかはよくわからない。また、子どもの教育などの理由で、能登から金沢周辺に移転したが、いずれ元の地域に戻ることを考えている方を対象とした当面の措置であれば施策としては適切だと思われる。その場合だと、リーディングプロジェクトの1番目に位置づける施策とは思えない。

石川県が意図しているかどうかはわからないが、能登に住んでいた方が、金沢などに拠点を移し、たまに能登に帰るような二地域居住につながる危惧がある。この場合、能登の人口減少を促進し、県内での集約化につながってしまう。

リーディングプロジェクトの5番目は「自立・分散型エネルギーの活用などグリーンイノベーションの推進」である。その中心は「オフグリッド集落の整備」である。オフグリッド集落とは「公共の電力網や水道網などのインフラから自立して、エネルギーを地産地消する」集落で、能登の場合、電力の供給システムが中心である。

再生可能エネルギーを活用した自立型のエネルギー供給システムは、地球温暖化防止、雇用の創出、災害時のエネルギー確保など優れた面がある。これを実現する小規模な電力供給ネットワークは一般的にマイクログリッドなどと呼ばれている。この場合、主要送配電網（メイングリッド）とつないでいるため、エネルギーの相互やり取りが可能である。そして、大規模な災害時にはメイングリッドから切り離してマイクログリッドを独立運用するため、災害時にも電力供給が可能となる。

一方、オフグリッドはメイングリッドにはつながらず、完全に独立した形で電力の供給を行う。想定しているのは山間部などで、オフグリッド化によって、送配電網などの維持更新コストが削減でき、かつエネルギー供給に問題が生じない場合である。石川県創造的復興プラ

序　章　能登半島地震、復興のあり方を考える　27

ンでも「現状では、初期投資の問題や技術的ハードル、地域での維持
管理といった克服すべき課題も存在しています」というように実現の
ハードルは高い。

　オフグリッドは、人口減少の中でインフラの集約化を意図した側面
が強く、また現時点で実現できるかどうかもわからない。そのような
オフグリッドを、リーディングプロジェクトの5番目に掲げるのには
無理がある。

3　背景にある考え方

　石川県創造的復興プランが県内での集約化を目指したものだとは言
わないが、それにつながる側面があると言わざるを得ない。そのよう
な危惧を持つのは、石川県の最上位計画である「石川県成長戦略」
（2023年9月策定）にそのような傾向がみられるからである。石川県
成長戦略は、「石川県長期構想」（2016年策定）の後継版であるが、両
者には構成上、大きな違いがある。石川県長期構想は本編と地域編で
構成されている。地域編では、県を能登北部地域、能登中部地域、石
川中央地域、加賀南部地域の4地域にわけ、各々の将来像を明記して
いる。それに対して石川県成長戦略には地域別の構想がない。

　現在の石川県には、県全体をどうするのかという視点が強く、地域
の特性を生かした地域の発展という視点が以前より弱くなっているの
ではないか。それが、県内での集約化、インフラの集約化につながり
かねないプロジェクトを、リーディングプロジェクトに入れた背景で
はないかを懸念する。

7 市町復興計画（案）の特徴

1 内容的特徴

　能登北部地域の2市2町、能登中部地域の2市3町も復興計画を策定している。すでに策定した市町もあるが、すべての市町が今年度中には策定するスケジュールで動いている。策定中の計画は今後変更されるかもしれないが、現時点での特徴をまとめておく。市町復興計画は第10章を参照。

　市町復興計画の内容はおおむね、生活再建、生業・地域経済の再建、災害に強いまちづくり、将来のまちづくりから構成されている。生活再建の内容は、被災者のケア、住宅の再建（復興公営住宅、住宅再建支援）、コミュニティの再建（コミュニティ施設の復旧、祭り・文化財再建）、地域公共交通の再建、子育て支援、教育の充実などである。生業・地域経済再建の内容は、農林水産業の再建、地場産業の再建、観光の再建、商店街の再建、雇用の維持などである。災害に強いまちづくりの内容は、インフラ・公共施設の強靭化、防災情報通信基盤の強化、防災教育・防災力の向上、農林水産施設の強靭化、災害備蓄の充実などである。将来のまちづくりは、人口対策（交流人口・関係人口の拡大、移住・定住の促進）、DX の推進などである。

2 スケジュール的特徴

　市町が策定している復興計画の計画期間は5年から10年であり、その期間を3つの期間に分けている（**表序−3**）。各期の考え方もおおむね共通している。最初は復旧期で、生活、生業の復旧。これを通じて、人口流出を防ぐとともに、市町外に出た人が安心して戻れるようにしようとしている。2番目は、再生期、中期などで、さらに復旧を進め

表序-3　市町復興計画のスケジュール

輪島市	復旧期（3年）、再生期（4年）、創造期（3年）
珠洲市	短期（2年）、中・長期（4年）
穴水町	復旧、復興、発展（全体で5年）
能登町	復旧期（2年）、再生期（3年）、創造期（4年）
七尾市	短期（2年）、中期（2年）、長期（1年）
羽咋市	前期（2年）、中期（2年）、長期（3年）
志賀町	復旧期（2年）、復興期（復旧期と重複した5年）
中能登町	応急復旧期、復興再生期、振興発展期（各々重複した9年）

注：宝達志水町については復興計画（案）、策定状況等をwebサイトで確認でき
　　なかった。市町復興計画については2024年12月12日時点で、当該市町の
　　webサイトで確認できた内容を記載している。
出所：注の資料により筆者作成。

震災前のレベルに戻す期間。最後は、創造期、長期などで、新たな価
値を創造する期間である。

3　評価すべき点と注意すべき点

　すべての市町の復興計画で、生活の再建、生業の再建、それを通じ
た人口流出の阻止を最優先課題にしている。またそれ以外の内容をみ
ても、市民感覚を踏まえた妥当な内容ではないかと思われる。復興の
スケジュールも無理なく、適切な期間設定ではないかと判断できる。
　一方、注意すべき点もある。すべての市町の復興計画には、施策、事
業を、生活の再建、生業の再建など、いくつかの項目にまとめた石川
県創造的復興プランの「具体的取り組み」に該当するものがある。こ
の「具体的取り組み」だけで復興計画が構成されている、いわば一層
の構成になっている復興計画と、石川県創造的復興プランと同じく
「具体的取り組み」と「創造的復興リーディングプロジェクト」の二層
で構成されている復興計画がある。後者のネーミングは市町で異なる
が、後者については注意すべきものが含まれている。後者の位置づけ
は、石川県と同じである。例えば輪島市は、「復興に向けたシンボル・

すべきである。

4　集落から積み上げる復興計画にすべき

　4点目は、集落からの積み上げを重視し、それを実現するために自治体の再建に取り組むことである。「国→県→市町」という上からの復興ではなく、「集落→市町→県→国」という地域からの復興を立案し、進めるべきである。珠洲市復興計画（案）では、短期的に実施する事業として市内10地区で復興プランを策定するとしている。すでに10地区すべてで協議会がスタートし、議論の過程が公表されているが、そこに住んでいないとわからないようなさまざまな意見が出されており興味深い。人々が元の地域で暮らし、生業を再建するためにはどのような復興が必要なのかを地域で検討し、その実現を市町が支える、そのような市町を県が支援し、国も支援する、このような関係で復興計画を進めるべきである。小規模な集落の復興については第7章を参照。

　そのような復興を進めるためには自治体職員体制の拡充が必要である。合併した旧町村には地域自治区を設置するなど、集落単位の復興が進むように体制を整えるべきであり、国は財政的に支援すべきである。

5　災害に強いまちづくりを本気で進める

　5点目は、災害に強いまちづくりを本気で進めることである。毎年のように各地で自然災害によって多くの命が失われている。適切な対応を事前にしておけば救えた命が少なくない。能登半島の復興で災害に強いまちづくりを進めながら、全国で地域防災計画の点検、避難所整備、建物・インフラの耐震化などを進めるべきである。また、ハード整備を進めつつ、少しでも多くの地域でコミュニティ組織が中心となった地区防災計画の策定を進めるべきである。それが実現できるよ

序　章　能登半島地震、復興のあり方を考える　　33

うに国は万全の財政措置をとるべきである。

6 原発推進施策の見直し

　6点目は、原子力発電推進施策の見直しである。福島第一原発の事故から13年以上たつが、核燃料デブリの本格的な取り出しのめどが立っておらず、廃炉がいつになるかわからない。能登半島地震では第8章で述べたように、志賀原発で計画されていた避難計画のずさんさが明白になった。日本は巨大地震の被害を受けない地域がないといっていい。そのような日本でいつまで原発に依存し続けるのだろうか。石川県創造的復興プランでは、エネルギーについてさまざまな施策が並んでいるにもかかわらず、志賀原発については全く触れていない。この地震をきっかけに原発に依存しない能登半島、石川県を復興計画で展望すべきである。また、他の地域でも原発からの脱却を今こそ真剣に追及すべきである。

7 被災者が将来に希望を持てるようにする

　7点目は、被災者が将来に希望を持てるようにすることで、それを人間の復興と呼ぶ[10]。能登半島では2024年9月に豪雨が発生し、二重災害という状況になっている。そのなかで、「生活の再建を頑張ってきたが、豪雨で心が折れた」という意見が出されている。災害で最も怖いのは、被災者の方々が希望を失うことである。今重要なのは、生活・生業の再建を最優先させつつ、市民が「能登で暮らし続けよう」ともう一度、希望を持てる状況を作り出すことである。この人間の復興抜きに、地域の復興は語れない。人間の復興については終章を参照。

注
1　内閣府非常災害対策本部「令和6年能登半島地震に係る被害状況等について

（令和 6 年 12 月 24 日）」。

2　財務省「成長、人口・地域等」財政制度等審議会財政制度分科会（令和 6 年
　　4 月 9 日開催）資料。

3　復興庁「土屋復興大臣記者会見録（令和 6 年 6 月 5 日）」。

4　石川県「第 2 回石川県令和 6 年能登半島地震復旧・復興本部会議議事録」（2024
　　年 3 月 28 日開催）。

5　テレビ金沢 web サイト 2024 年 4 月 9 日。

6　注 1 参照。

7　石川県 web サイト「水道の復旧・復興の進捗状況（2024 年 12 月 26 日・記者
　　会見資料）」。

8　石川県 web サイト「加速化プランに基づく公費解体の進捗状況（令和 6 年 11
　　月末時点）」。

9　閣議決定「経済財政運営と改革の基本方針 2024 について」2024 年 6 月 21 日。

10　岡田知弘・自治体問題研究所編『震災復興と自治体』2013 年 11 月、自治体
　　研究社。

第 **1** 章

能登多重災害の被害の諸相

武田公子

1　能登地域を襲った災害

　2024 年 1 月 1 日 16：10、能登地方の深さ 16km でマグニチュード 7.6 の地震が起きた。6 市町で震度 6 強以上、志賀町と輪島市では最大震度 7 を観測した。強い揺れが長く続き、晴れやかなはずの元日のひと時や帰省してきた親族等との団欒が突然奪われた。多くの住宅が押しつぶされたように倒壊し、道路は至る所に陥没や地割れが生じ、液状化により建物や電柱が傾き、山は各所でがけ崩れや地すべりが起き、それによる河道埋塞も生じた。震災後の能登を訪れた方は、至るところで山肌が露出しているのを見て、この地震のすさまじさを痛感することだろう。

　ところでこの地域では 2020 年 12 月ごろから群発地震に見舞われていた。震度 3 以下の揺れが高い頻度で起きていた中、2021 年 9 月 16 日には M5.1（最大震度 5 弱）、2022 年 6 月 19 日には M5.4（最大震度 6 弱）の地震もあった[1]。2023 年 5 月 5 日には M6.5（最大震度 6 強）という強い地震があり、石川県はこれを「令和 5 年奥能登地震」と命名

37

表1-1 石川県内の多重被害状況

	奥能登地震	能登半島地震	奥能登豪雨
発災	2023/5/5	2024/1/1	2024/9/21
激甚指定	局激（珠洲）	本激	本激
生活再建支援法適用	珠洲	県内全	輪島・珠洲
被害報告時点	2023/7/3	2025/3/6	2025/3/4
死者	1	541（313）	16
全壊	38	6,114	82
半壊	263	18,496	639
一部損壊	1,384	90,826	131
床上浸水		6	52
床下浸水		5	846

注：死者数の括弧内は災害関連死、内数。奥能登地震発表被害報告は最終。
出所：各種資料により筆者作成。

した。2024年元日の地震はこれらの地震活動と一連のものとされる[2]。

さらに、能登半島地震からの傷も癒えないうちに、被災地を豪雨が襲った。能登では9月21日の朝から翌日にかけて降り続いた雨がこれまでに例のない豪雨となった。地震により地盤が弱くなっていた状況も加わり、各地で河川の氾濫や土砂崩れが起き、集落の孤立や停電・断水も起きた。全国的には「令和6年9月20日からの大雨」とされ、山形、新潟県、熊本県でも被害が出ているが、能登地域の被害はなかでも甚大なものとなった。

これら一連の災害による被害を表1-1にまとめた。いずれも激甚災害（奥能登地震は局地激甚）に指定されている。また、被災者生活再建支援法は、奥能登地震は珠洲市のみ、能登半島地震は石川県・新潟県・富山県に、奥能登豪雨は輪島市及び珠洲市に対して適用された。このように、奥能登地域が2年足らずの間に相次いで激甚災害に見舞われている状況を、ここでは「多重災害」と呼んでおきたい。

過去の多重災害としては、2016年4月の熊本地震（2回の最大震度7）と同年6月の梅雨前線豪雨および2020年の熊本豪雨、あるいは

重点プロジェクト」とし、「輪島市の復興まちづくりを牽引する先導的取組」としている。その重点プロジェクトの1番目は、「魅力ある住まいと拠点づくりプロジェクト」で、その説明には「安全・安心な場所への各種公共施設や生活拠点の集約化」と書かれている。防災的な面から移転せざるを得ない施設なども存在すると思われるが、専門家を交え、市民的な議論を丁寧に行う必要がある。また、七尾市は「創造的復興に向けた重点プロジェクト」を7つ設定している。その3つ目は「インフラ強靭化プロジェクト」で、そこには「集落・地域単位などでのオフグリッド化の促進」を書いている。志賀町は「創造的復興リーディングプロジェクト」を8つ掲げ、その6つ目が「オフグリッド型のインフラ施設等の整備促進」である。オフグリッド、マイクログリッドを併記してあるなど、ややわかりにくい点はあるが、もし市町が具体的に進めるのであれば、内容を精査する必要がある。

8　復旧・復興の基本方向

1　復旧の遅れを直視すべき

復旧・復興の基本方向としては以下の7点が重要である。1点目は、地震・豪雨からの復旧が非常に遅れている事実を直視すべきことである。残念ながら地震で命を落とさなかった方が、災害関連死という形で次々と亡くなっている。2024年12月24日時点で261人の方が災害関連死で命を落とされ、すでに直接死を上回っている[6]。また、12月26日時点で、避難所で暮らしている方が320人（地震及び豪雨の避難者、1次避難所、広域避難所、2次避難所の合計）[7]、11月末時点で家屋の公費解体は34％しか進んでいない[8]。市町や県が復興計画にリーディングプロジェクト等を設けるのであれば、その冒頭に生活の再建、特に住宅の復旧および確保を明記すべきである。夢のあるプランを掲

（2024年1月4日、珠洲市）

る復旧の状況を直視し、その解決に最大
後1年経過した今でも、地震による被害

大な被害を受けたことで、避難の長期化・広域化を余儀なくされた点にある。そこで以下ではまずこれら物理的な被害の概要をみておきたい。

　まず、1月1日の地震によって石川県内では424件（2024年11月21日現在）の土砂災害が発生した[4]。能登半島の西側（外浦）の隆起と東側の地盤沈下、液状化、半島尾根の斜面のがけ崩れや山腹崩壊、崩れた土砂による河道埋塞といったさまざまな形態の物理的被害である。

　これら土砂災害の結果として生じた道路の損壊は、その後の復旧作業への大きな阻害要因となった。県が管理する道路だけで最大42路線87か所が通行止めとなった（7月1日報告）。特に影響が大きかったのは、能登の域外から現地に向かう最大の幹線道路である能越自動車道・のと里山海道が寸断されたことである。半島という地理的特性上、被災地域にアクセスする道路が限られているなか、この道路の被害は救援・復旧に向かう車輌の通行を妨げた。金沢から奥能登まで片道5時間を要する状況では、現地での作業時間が十分に確保できず、道路の啓開や応急復旧までに時間を要することになった。また、半島を外周する国道249号線や、能登各地域を結ぶ県道・地方道の寸断は集落の孤立をもたらした。最大時（1月4日）には輪島市14地区、珠洲市9地区等で孤立集落が生じ、1月16日時点でも8地区143人が孤立状態にあり、すべての孤立が解消したのは2月13日であった[5]。

　さらに9月の豪雨では、地震によって脆くなった地盤の浸食が進み、崩れた山腹から土砂や倒木が土石流となって下流を襲った。豪雨によって新たに267か所の土砂災害が発生し、河川の氾濫、流木・土砂の堆積や護岸損壊が生じた。道路の通行止め箇所は8月末時点で8路線17か所まで減少していたが、豪雨により新たに25路線48か所が通行止めとなった（11月18日）。開通間近の中屋トンネル（国道249号線、輪島市中心部と門前地区を結ぶ）が再び土砂に埋もれた。最大14地区

〜する

〜画ともいえる内容、先に書いた集約化、
を復興に持ち込まないことである。復
〜い。その被災者や地元の切実な要望を
できなかったことを、復興の名のもと
〜型復興」である。残念ながら今まで
〜り返された。
〜興が人口減少地域における地方創生
書かれており、能登の復興がどのよ
〜する[9]。能登の問題だけと考えるの
かは全国に影響を与えるものとして

〜題にする

〜再建を最優先させることである。市
〜2026年までの期間を復旧期と位
その基盤となる住宅の確保を重視
るように県、国も最大限の支援を

〜疎地で大規模な災害が起こって
〜らし続けることができた、いっ
〜に戻ることができた、災害によ
そのような復興のモデルを目指

56か所で孤立集落が発生し（9月23日）、孤立がすべて解消したのは一週間後であった。

　地震後に土砂災害の危険があると考えられ、その対策工事に2〜3年あるいはそれ以上の期間を要する地域については、避難指示を解除せずに「長期避難地域」とされている。8月時点では18地域185世帯がそれに該当し、豪雨災害後の11月時点では9地域46世帯が追加されている。輪島市、珠洲市に多いが、七尾市、穴水町、津幡町の一部も含まれている。能登半島地震によっていかに地盤が傷んだのかの現れである。

2　断水の長期化

　インフラの被害は道路だけでなく、電気・通信・上下水道といったライフラインにも及んでいる。特に深刻なのが断水の長期化である。発災直後県内では16市町約11万戸で断水が発生した。能登6市町以外では概ね1か月後に断水が解消したが、穴水町・志賀町では2か月、七尾市では3か月、能登町では4か月後まで断水地区が残った。県は5月末で「早期復旧困難地区を除き」断水解消を宣言したが、この時点で輪島市での復旧率は91%、珠洲市では73%にとどまっている。土砂災害や建物崩壊によって復旧作業が困難な地域を中心に、輪島市で445戸、珠洲市で1076戸が早期復旧困難地区として残された。その後、土砂の撤去や道路の啓開、水道施設の仮復旧が進むにつれ徐々に断水戸数は減少した。しかし豪雨による土砂災害の発生により、輪島市・珠洲市・能登町で新たに5000戸余の断水が生じた。2025年1月9日時点では、輪島市209戸、珠洲市291戸の復旧困難地区でなお断水が続いている[6]。

　このように断水が長期化した原因は、何より地盤災害の激甚性によるところが大きいが、次のような人為的要因も加わっている。

第1に、水道施設や水道管路の老朽化や耐震化の遅れという問題である。国交省に新設された検討委員会では、耐震性能が確保されていない水道管路で被害が多かったことから、耐震化の遅れが甚大な被害が生じた要因となったとしている[7]。震災前の時点で輪島市、珠洲市の「耐震適合化率」（地盤の状況によっては耐震性をもつ管路の比率）はそれぞれ 52.7%、37.0% であったが、「耐震化率」（高い耐震性能の管路の比率）でいえばそれぞれ 19.2%、23.4%[8] となっていた。結果的に「耐震適合管」が堪え得る「地盤の状況」ではなかったのである。

　第2に、復旧に時間を要した理由としては、前述のような交通アクセスの不便さと道路被害の大きさのために作業時間の制約があったことに加えて、復旧作業が手探りであったという事情がある。過疎地域では管路は網状でなく枝状であるため、損壊した管路を順に辿って復旧しなければならない。また、復旧にあたった県外からの救援職員によれば、現地では管路やメーターの位置を示す図面がなく、あったとしても図面通りではないことも少なくなかったという[9]。空家や住民が避難して不在にしている住宅もあり、そうした地域の情報を把握している地元職員も被災して復旧現場への立ち合いは望めず、結果として手探りでの復旧となった。

　このような被害の拡大や復旧の遅れの背景には、被災自治体の財政的脆弱性の問題のみならず、公営企業会計の構造的問題により、自治体が施設管理や職員配置に十分な予算を割くことができなかったという事情がある[10]。公営企業法における独立採算原則により、水道事業運営費は料金収入で賄うものとされているが、人口減少下での料金収入の減少によってこれは事実上不可能といえる。建設改良費も原則として企業債で賄うこととされ、水道会計に対する一般会計からの繰入は国が推進する水道事業広域化や簡易水道統合といった方針に即したものを除けばほとんど認められない。このような財務状態にあって、

水道施設の更新・耐震化や職員配置には制約があった。輪島市、珠洲市とも水道事業の技能職員は2〜4名程度[11]に過ぎず、災害対応力・受援力に欠けたと言わざるを得ない。

さらに、各戸水道メーターまでの管路（配水管）が復旧できたとしても、家屋内の給水管（宅内配管）が破損していれば水を使うことができない。水が使えたとしても、排水・下水施設が破損していれば水を流すことができない。宅内配管や各戸の排水・浄化槽等は基本的に住民管理であるため、自ら工事業者を探し依頼しなければならないが、地元業者は限られている。県や市町は域外業者への旅費等補助を設け、工事業者の斡旋に乗り出した。住民にとっては、水を使えるようになるまでの道のりが長かったのである。

3　避難形態の多様化・域外化と長期化

前述のような断水の長期化によって、現地での避難生活は困難を極め、域外への避難を決断する人々は少なくなかった[12]。土砂災害リスクを鑑みた避難指示もあり、発災後初期の段階で県や市町が域外避難を積極的に推進したという背景もある。避難のさまざまな形態および仮設住宅の状況を表1-2にまとめた。以下ではこれら避難の形態ごとにそれぞれの問題点を述べていきたい。

1　1次避難所

身の安全を図り当面の生活を送る場所が「1次避難所」である。避難所という言葉で通常連想するのは、体育館等で多くの人々が毛布にくるまっている姿だろう。こうした避難のあり方は阪神淡路大震災の時とほとんど変わっていない。中央防災会議が策定する「防災基本計画」では、各自治体が事前に定める「指定避難所」での良好な生活環

表1−2　能登半島地震後の避難・仮設入居の状況

避難状況		最大時	最大数	8/28 報告	11/12 報告	備考
一次避難所	地震	1/2	約 34,000 人	398 人	60 人	
	豪雨	9/21	約 1,500 人	—	322 人	
広域避難所		1/22	約 1,000 人	39 人	21 人	
1.5 次避難所		1/22	367 人	17 人	—	累計 1,501 人
2 次避難所	地震	2/16	5,275 人	321 人	39 人	累計 11,807 人
	豪雨		60 人	—	51 人	累計 71 人
県外公営住宅			約 700 人	555 人	507 人	概ね 1 年間
みなし福祉避難所			約 1,600	約 1,400 人	481 人	県内外
仮設住宅戸数			計画数	9/3 入居	11/30 入居	
県内みなし仮設（賃貸・公住）			約 5,500 戸	4,990 戸	3,825 戸	
県外みなし仮設（賃貸）			約 3,700 戸		49 戸	公住は避難所扱い
建設型仮設	地震		6,882 戸	6,233 戸	6,801 戸	12/23 完了
	豪雨		286 戸			25 年 3 月完成見込み

出所：石川県知事記者会見 2024 年 8 月 28 日・11 月 15 日資料、仮設住宅は復旧・復興支援本部
第 10 回（9/10）・第 11 回（12/3）資料、「被害状況報告」により適宜補完して筆者作成。

境のために対策を講じるべきものとして、食事、トイレ、簡易ベッド、プライバシー、入浴施設、洗濯設備、暑さ寒さ対策、ペットのスペース等とともに、医師・看護師・管理栄養士等の巡回にも言及している。

　能登半島地震では1次避難所における「良好な生活環境」はほとんど実現しなかった。第1に、指定避難所の収容可能人数の想定は簡易ベッドやパーティションの設置を前提とするものとはなっておらず、「体育館に雑魚寝」という状況は変わらなかった。それに加えてそもそも断水している中で避難所の衛生環境の確保は容易ではなかった。なお、9月豪雨後の避難所では、避難者が相対的に少ないこともあり、体育館内にテントと段ボールベッドを配置するなど、生活環境の改善は図られた。

　第2に、指定避難所が満員だったり、アクセスが困難だったりとい

う事情から、地域の集会所や指定外の公共施設等の自主避難所で生活を送った人々も少なくない。石川県災害ポータルによれば、1月末時点、能登6市町で指定避難所124か所に対し、自主避難所は91か所とされるが、自治体が把握していない自主避難所もあり得るため、実際には指定避難所と同じくらいの自主避難所があったと推測される。しかし、各自治体が策定する「地域防災計画」は概ね「防災基本計画」をベースにしているため、「自主避難所」が全く位置づけられていなかった。そのため、自主避難所では支援物資の配布は遅れがちだったとの証言もある[13]。

第3に、配慮が必要な家族やペットの同伴等の事情から、倒壊の危険性のある自宅や、倉庫・ビニールハウス等で避難する「在宅避難」、さらには車中泊を選択することも少なくなかった。県は3月末で一部を除く避難指示を解除したため、それ以降の在宅避難者数は発表されていないが、その時点で在宅避難者は約5000人、車中泊は約140人であった。なお、能登半島地震の教訓を踏まえて改訂された防災基本計画[14]では、在宅避難と車中泊に関する記述が追加され、在宅避難者や車中泊者等の支援のための拠点を設置するなどの支援方策や、必要な物資の備蓄等に努めると記された。

第4に、福祉避難所はほとんど機能しなかったということである。むろん、コミュニティ内で要援護者の避難への配慮はあっただろう。しかし現地の福祉施設等は停電・断水および職員の被災によって受け入れ態勢は十分ではなかった。

これらの1次避難をめぐる問題は、「災害関連死」の多くが避難生活中の健康状態悪化によるものであったことからも窺い知れる。NHKは12月上旬までに公表された資料と独自調査により災害関連死201人について詳しく分析した。体調を崩した場所については、避難所が68人（34％）、介護施設66人（33％）、自宅40人（20％）などとなって

第1章　能登多重災害の被害の諸相　45

いる。ここでいう避難所の多くは1次避難所と推測されるが、次に述べる1.5次避難所や2次避難所への移動や新たな避難先での生活が負担となって18人が亡くなっていたとされる[15]。

2　1.5次避難所と2次避難所

現地避難所の生活環境改善が困難ななか、県は1月8日にいしかわ総合スポーツセンターに「1.5次避難所」を開設し、翌日より避難者の受入れを開始した。「1.5次避難所」とは、2次避難施設（ホテル・旅館）に移動するための一時的な避難所であり、公営住宅や民間賃貸住宅（みなし仮設）への入居に関する相談窓口も設けられた。1.5次避難所はピーク時には367人が避難し、前述スポーツセンター以外に2か所の受入れ施設を設けていたが、2次避難所への入居が進むにつれ利用者は減少していった。その一方で、高齢者で特に単身避難の場合には2次避難所への移行は困難だった。フレイルや認知症等、介助や見守りが必要な人々が多く滞留していく状況が見られ、スポーツセンターのサブアリーナに施設入所へのマッチングを待つ「一時待機ステーション」が設けられた。7月半ばに県は、県内外の472か所の高齢者施設等を「みなし福祉避難所」に指定し、約1500人が避難していることを公表した[16]。前述のように能登地域の福祉避難所がほとんど機能しない状況にあって、域外の高齢者施設を福祉避難所と看做したのである。

なお、域外避難としてはこの他に、「広域避難所」とされる集落単位の避難所もある。これは1次避難所に区分されるが、長期避難区域や水道の早期復旧困難地域などについて、集落単位で加賀地域の公民館等に集団避難するケースで、ピーク時には17か所に及んだ。この他、表1-2には含まれていないが、「親戚宅等」への避難も少なくない。3月末まで公表されていた数字によると、発災直後から増加を続け、

46

3月末には7700人を超えていた。高齢者を中心に、他地域に住む子どもの世帯等に身を寄せる例が多いものと推測される。また、表1-2の「県外の公営住宅」は、後述する「みなし仮設」にあたる県内公営住宅とは異なり、避難所に類した扱いになっている。県外に住む親戚等の近くで、ある程度自律的な生活を送れる人々と推測されるが、入居期間が概ね1年程度とされていることから、その後の住まいをどこに確保していくのかが課題であろう。総じて、住み慣れた地域を離れた高齢者が多く、避難先でのQOLの低下への懸念が大きい。

　2次避難所は、避難先として斡旋された旅館やホテルを指す。能登地域の主要観光地である七尾市では多くの旅館やホテルが甚大な被害を受けたため、2次避難所はほとんどが加賀地域であった。1.5次避難で金沢市・小松市に避難したあと、そのまま加賀地域で避難生活を送る形である。このような宿泊施設での避難の前例としては、東日本大震災において宮城県が集中的に取り組んだ例がある[16]。鳴子温泉の旅館を中心とする県内外の宿泊施設を活用し、最大3000人弱（県外400人弱）が避難した。ただし自治体によって温度差があり、避難元は南三陸町が半数近く、他に石巻市や東松島市からが多かった。岩手県ではこうした施策は公表されておらず、地元ないし隣接内陸自治体への避難が選択される傾向にあった。石川県は宮城県の例に倣い、自衛隊ヘリやチャーターバスで域外避難を推進したことになるが、この避難形態にはいくつか問題があった。

　第1に、宿泊施設にはビジネスホテルも含まれていたが、この場合には食事が提供できないことが多かった。県は、食事が提供できない場合がある、特定の旅館や部屋割りへの希望は受け付けない、アレルギーや離乳食への対応はできない、等の注意事項を示し、それを了解しての入居であるとしている[17]。しかしこの「注意事項」は災害救助法や防災基本計画に規定される避難所のあり方を逸脱していると考え

られ、県は事後的に近隣の飲食店での食事券を配布する対応をとった。

　第2に、宿泊施設は分散的に確保されたため、1次避難所のようなコミュニティがなく、避難者の孤立感が否めなかった。また、分散的な避難先であるがゆえに、保健師や社協職員等による巡回がどこまでなされたかも不明であり、個人情報保護を理由に民間団体からの支援も及びにくいという問題があった。

　第3に、3月には北陸新幹線の敦賀延伸とともに「北陸応援割」という観光推進策が打ち出されたが、これに合わせて退去期限が設けられる傾向があったということである[18]。

　このような2次避難の教訓を踏まえてと考えられるが、9月豪雨後の2次避難には七尾市の旅館等が主に活用された。七尾市・和倉温泉の旅館の復旧はなお途上ではあるものの、一部で営業が再開されていることを受けての措置である。12月時点で2次避難者のピークは53人、累計73人と相対的に多くはないものの、自宅に戻って片付けをする上での利便性が高いこと、そして七尾の宿泊業での収入・雇用確保という点からも意義があろう。

4　仮設住宅をめぐる諸問題

1　みなし仮設

　みなし仮設とは、民間賃貸住宅を自治体が借り上げて被災者に提供するタイプの仮設住宅であり、広義には公営住宅の空室の活用も含まれる。住宅を失い生活環境の劣悪な避難生活を送る人々にとっては、仮設住宅の建設を待たずにただちに良好な居住生活を確保できるという点では利便性がある。特に東日本大震災においては避難者数が多く、津波被害によって仮設住宅の建設用地確保に苦慮することもあり、建設仮設戸数を上回るみなし仮設住宅が提供された経緯がある。能登に

関しても、県外分を含めると、すでに建設仮設を超えるみなし仮設が提供されていることがわかる。

　前出表1-2に示したように、域外への2次避難は累計で1万人を超えた。他方で、県内のみなし仮設が最大時5500戸であることを併せ考えると、2次避難した人々の多くはみなし仮設に移行したと考えられる。県より入手した4月初旬のデータでは、累計約3000戸の賃貸型応急仮設の避難元は輪島市と珠洲市で3分の2を占めている。賃貸住宅所在地では金沢市が半分以上を占め、特に輪島市・珠洲市で被災した人々が入居するみなし仮設の65％は金沢市に所在し、次いで野々市市が10％、白山市6％などとなっている。なお、能登中部以南について、みなし仮設の自治体内確保の比率は、七尾市で約60％、羽咋市で約90％、内灘町約40％となっている。被災地域およびその近隣自治体で賃貸住宅が確保できた七尾以南に比べると、奥能登地域から2次避難した人々の多くが金沢およびその近辺の自治体のみなし仮設に入居したものと推測できる。

　みなし仮設には次のような問題がある。第1に、従来のコミュニティとは無関係に個々の世帯がバラバラに居住することになり、2次避難所と同様、孤立化のリスクがある。建設仮設のように日常的に外部からの支援があるわけではなく、巡回や見守りがどの程度なされるかは受入れ自治体の余力に規定される。第2に、借上げとはいえ家賃には世帯人員数による上限が設けられており、これを超える物件には入居できず（超過分の自己負担も認められない）、契約期間内の転居も認められない。避難者の生活条件の変化や個別のニーズに対応する仕組みとはなっていないといえる。

　さらに課題となるのは、域外のみなし仮設に入居した後、その地域で学校や仕事が確保でき、同地での生活が定着していくケースである。居住地の選択はあくまで個々人の事情や判断に基づくものであり、尊

第1章　能登多重災害の被害の諸相　　49

重すべきことではあるが、能登の復興という観点からすれば、人口流出の助長に繋がっている。能登に思いを残す人々が、「通いの復興」に携わることができるよう、また現地のコミュニティとの繋がりを維持できるような支援策が求められる。

2　建設仮設住宅をめぐる課題

建設型仮設住宅は、震災・豪雨分あわせて7168戸が建設された。従来からのプレハブ型に加え、熊本地震時に多く建てられた木造長屋型、木造戸建て風の「ふるさと回帰型」の三種が提示されたが、ふるさと回帰型は2か所にとどまっている。これは、戸建て風とはいうものの、複数軒数をまとめた用地確保が条件となったためで、個々の住宅の空地への建設とはならなかったためである。木造仮設はいずれも、入居期限終了後の公営住宅への転用が可能という利点があり、豪雨後に建設が計画された286戸はいずれも木造となったが、震災分についていえば4分の3がプレハブ型であった。

仮設住宅は、家族の人数によって1〜2人用（20m^2、1K）、2〜4人用（30m^2、2DK）、4人以上（40m^2、3DK）の3区分が示されている。しかし、プレハブ協会が示す仕様としては、単身用19.8m^{2}程度、小家族用（2〜3人）29.7m^{2}程度、大家族用（4人以上）39.6m^{2}程度とされている。両者を比較すると、従来単身者用とされてきた間取りが「1〜2人用」に、2DKの入居人数が4人まで、というように、狭小化されたことがわかる。夫婦2人で1Kでの居住はあまりにも狭く、少なくとも2年間の生活を送るには極めて住みづらい生活環境であるといえる。

また、9月の豪雨によって、輪島市では5か所192戸、珠洲市では1か所17戸の仮設住宅が床上浸水し、居住者は再び避難生活を強いられることとなった。1000年に1度の豪雨と言われるものの、浸水リスクのある土地に最大規模の仮設住宅街を建てざるをえなかった市の用

50

地確保難があったものと思われる。

　なお、みなし仮設・建設仮設を通じた問題として、被災者の個々の事情によりこの制度の網から漏れてしまう事例がある。例えば、この災害のなかで家族が分かれて生活せざるを得ない状況が生じ、家族の一部が能登にとどまって家の片付けや仕事に携わり、一部が広域避難をするという事例である。このような場合、広域避難した家族の一部がみなし仮設に入居すると、能登に残っている家族は建設仮設に入居できない。また、賃貸住宅が被災した場合、半壊以上で家主が公費解体を選択すれば居住者は仮設住宅への入居申請ができるが、半壊未満の場合にはその限りではない。家主が住宅の修理を断念して入居者の退去を求めた場合、入居者の居住に関する各種支援策の網から漏れてしまうということである。

　仮設住宅は災害救助法に基づく住宅給付であり、被災者に対する公平な運用が求められることは否定しない。しかしその網から漏れる被災者がいるということは制度の不備と言わざるを得ない。実際の運用状況を鑑みて絶えず制度の改善に努めていくことが求められる。

注
1　内閣府防災情報のWebサイト、「災害状況一覧」より。
2　気象庁報道発表「令和6年1月1日16時10分頃の石川県能登半島地方の地震について（第2報）」2024年1月1日。
3　中林（2020）はこうした事例を「同時被災型複合災害」としている。中林一樹「災害多発と新型コロナ蔓延下の複合災害対策」『消防防災の科学』142号、42-47頁。
4　以下、地震および豪雨による土木施設の被害については、石川県「令和6年能登半島地震復旧・復興のあゆみ」（https://www.pref.ishikawa.lg.jp/kanri/202401jishin.html）参照。括弧書きは各資料の報告日。
5　石川県災害対策本部員会議、各回資料による。
6　12月26日知事記者会見資料。

7 上下水道地震対策検討委員会「令和 6 年能登半島地震における上下水道施設被害と今後の地震対策、災害対応のあり方」2024 年 9 月。

8 石川県生活環境部環境政策課『石川県水道統計概要（令和 4 年度）』。

9 丸山喜久他「座談会　令和 6 年能登半島地震の応援活動を振り返って　現場では何が起こっていたのか」『水道協会雑誌』93 巻 8 号、2024 年、3-18 頁。

10 詳細については、武田公子「能登半島地震と水道事業―復旧と持続可能な水道事業への課題―」『環境と公害』第 54 巻第 1 号、2024 年 7 月（57-62 頁）、参照。

11 『輪島市水道事業・下水道事業経営戦略』（2023 年 3 月）および『珠洲市水道事業経営戦略』（2017 年 3 月）参照。

12 避難の多様化・広域化については、武田公子｜2024 年能登半島地震急性期の問題―避難の多様化と広域化を中心に―」金沢大学経済学経営学系ディスカッションペーパー No.81、2024 年 3 月。

13 避難所や在宅避難、車中泊等の証言については、いしかわ自治体問題研究所『能登半島地震ブックレット第 2 弾―能登半島地震被災地からの発信―』2024 年 12 月、参照。

14 「防災基本計画」2024 年 6 月 28 日中央防災会議決定。

15 「能登　災害関連死　最初に身を寄せた避難所で体調悪化が最多」NHK News Web、2024 年 12 月 26 日。

16 第 53 回石川県災害対策本部会議（7 月 18 日）資料。

17 宮城県震災復興・企画部地域復興支援課「東日本大震災における二次避難の記録」2011 年 11 月 https://www.pref.miyagi.jp/documents/3690/295674_1.pdf。

18 石川県「次避難所に関する、お部屋・お食事・滞在中の注意事項など」https://www.pref.ishikawa.lg.jp/syoko/saigai/documents/2jihinan-annai2.pdf（2024 年 12 月閲覧）。

19 『北陸中日新聞』2024 年 2 月 9 日、1 面記事。

第**2**章

自治体の財政対応

菜田但馬

1 災害財政対応の全体像

　災害からの救助・救援、復旧、復興などにおいて、国や自治体の役割は欠かせないが、大災害ともなれば、それらの財政対応は決定的なインパクトを与える。このため財政対応によっては、2次的な災害（復興災害）がもたらされることもある。したがって、国や自治体の災害対応にかかる財源や使途、国や被災者に対する自治体の姿勢などが問われることになる。

　本章の目的は、能登半島地震にかかる国や自治体の財政対応の全体像を踏まえたうえで、奥能登の市町による「追加」等支援、石川県の復興基金対応などを分析し、災害財政の成果や課題を明らかすることである[1]。

　研究方法は次のとおりである。まず、被災地での徹底した実態調査にもとづく。そのなかには、市町の職員に対するインタビュー調査も含まれる。調査にあたっては、石川県および県内市町のホームページや議会会議録、地元紙である北國新聞などの関連情報をチェックした。

こうした手法は、とくに事実整理において有効である。

　次に、地方財政研究の主流である国・自治体・住民間関係の側面に加えて、自治体自身の財政運営の側面からのアプローチを重視する。大災害では復旧、復興は長期にわたるために、通常の行財政も含めてマネジメントが非常に重要になる。そのノウハウの実態を共有し、その課題を導出することにも大きな意義がある。

　以上のことを踏まえて、最初に、国の財政対応の全体像を簡潔に整理する。今回、災害救助法や激甚災害法などの災害関連法制度の適用にもとづき、被災者、被災自治体の財政的な負担は大幅に軽減されている。国の財政措置としては、補正予算ではなく、異例の対応である予備費（国会審議を経ないで政府の裁量で支出できる）からの支出があげられ、2024年10月までで7150億円、復興基金向けの原資拠出分を加えると7670億円に及ぶ。また、石川県や輪島市、珠洲市などには特別交付税が複数回、前倒しや増額で配分されている。さらに、既存の被災者生活再建支援制度の拡充ではなく[2]、被害の大きい能登地域6市町に対しては、生活再建のための交付金として別途財政措置が行われた。これにより、石川県の「地域福祉推進支援臨時特例給付金」が創設され、住宅半壊以上を前提とし、住民税非課税世帯ないし近似の世帯などの要件を満たせば、最大300万円が行き渡る。なお、本稿は、震災対応が含まれる、国の12月補正予算まではフォローしていない。

　次に、石川県の震災対応財政に関しては、2023年度補正予算と24年度当初予算における計約7700億円の計上が出発点となり、9月補正時点で累計額は9421億円に及ぶ。災後1年までの財政対応としては、公共土木施設の応急復旧や災害救助（住家の応急修理支援や仮設住宅の整備・借上げ、2次避難所の設置・運営など）が支出の大半を占めることが予想される（武田2024）。9月補正までの震災対応財政

（復興基金造成分を除く）の内訳としては、約3分の2が国庫支出金、約4分の1が県債である。後者は災害復旧事業債や災害対策債等からなるが、その大半は地方交付税によって後年度措置されるために、県の実質的な負担は大幅に軽減される。

2023年度の県税収入が過去最高になったことは、震災対応にとって追い風となっている。税収増はおおよそ全国的な趨勢である。製造業を中心とした企業業績の好調や、物価上昇を背景にした賃上げの影響で、法人関係税、個人県民税が過去最高になった。他方、財政調整基金は2024年度6月補正予算後に66億円に減る見込みである。それは震災前で144億円あったが、震災後に国の財政措置の影響で一時的に増えた後に、相次いで取り崩され、大幅に減少する結果となった。

次に市町村レベルである。輪島市の能登半島地震にかかる予算措置の推移は表2−1のとおりである。災害廃棄物処理、災害救助費、公共施設災害復旧が大きな支出となり、災害救助費は避難所運営や住宅の応急修理などからなる。公共施設災害復旧もすべて自ら実施しているわけではなく、被害が甚大であり、高度な技術を必要とするという理由で、県に事業実施を委託している分が一部含まれる。他方、2023年度3月補正予算としての市長の2度目の専決処分では、市民全員に対して、「生活支援臨時給付金」として輪島市義援金配分（1人4万4000円）とあわせて1人5万円が支給されている。なお、2024年度当初補正予算は骨格予算とし、随時補正対応していく方針である。

2　生活・住宅と仕事の再建への対応

生活・住宅の再建への自治体財政対応のなかで特徴的な点をあげると、2023年5月5日に加えて、24年6月3日にも最大震度5強を経験し、これにより全壊してしまった家屋や、緊急の公費解体の対象住家

表2－1　輪島市の能登半島地震にかかる予算措置の推移（一般会計）

(単位：百万円)

	合計	使途の主な内訳		
2023年度1月補正予算・専決①	1,275	675 災害救助費	400 公共土木施設災害復旧	200 予備費（今後の不測の事態に対応するため）
2023年度1月補正予算・専決②	2,110 企業会計1,200	510 災害救助費	600 災害弔慰金等	1,000 災害廃棄物処理
2023年度2月補正予算・専決①	3,610	725 災害救助費	700 災害援護資金貸付金	2,115 公共施設災害復旧
2023年度3月補正予算 ＊震災対応とは直接関係なし	755 特別・企業会計98			
2023年度3月補正予算・専決①	7,582 企業会計4,250	4,200 災害廃棄物処理	3,049 公共施設災害復旧	250 水道料金及び下水道使用料免除分（1月使用分・2月使用分）の補填等
2023年度3月補正予算・専決②	4,640 特別会計2,204	2,000 土地取得事業特別会計費	1,800 ふるさと納税による寄附金の一部を基金に積み立て、今後の事業に活用	500 災害対策基金費
2024年度当初予算 ＊骨格予算	18,643 特別会計8,478 企業会計8,376			
2024年度4月補正予算・専決①	34,500 企業会計9,720	2,860 災害救助費（避難所運営、住宅応急修理、みなし仮設支援など）	15,000 災害廃棄物処理	15,213 公共施設災害復旧
2024年度5月補正予算	2,324	380 生活困窮者自立支援事業費	968 農業機械再取得等支援事業費	323 輪島塗仮設工房整備事業費
2024年度6月補正予算	12,561 特別会計180	2,000 水道事業の資	2,000 下水道事業の	4,500 農業用施設補

		金不足に対応するため一般会計から短期で資金を貸付け	資金不足に対応するため一般会計から短期で資金を貸付け	助災害復旧事業費
2024 年度 8 月補正予算	3,487 特別会計 65	1,120 商店街仮設店舗整備事業費	880 災害救助費	800 輪島塗仮設工房整備事業費
2024 年度 9 月補正予算 ＊震災対応とは直接関係ない事業が含まれる	39,199 特別会計 2	35,615 災害廃棄物処理（公費解体に伴う委託料等の追加）	1,500 農業機械再取得等支援事業費	300 なりわい再建支援事業費
2024 年度 9 月補正予算・専決① ＊豪雨関係	2,980	2,000 堆積土砂排除	620 公共施設等災害復旧	200 被災住宅等消毒支援
2024 年度 10 月補正予算・専決① ＊震災対応とは直接関係なし	21			

出所：輪島市ホームページ・予算関係欄より筆者作成。

が大きく増加した。公費解体の完了が遅くなると、その分、被災者生活再建支援金の申請、給付もずれていくことになる。さらに、自宅の建築・購入、補修、賃貸などで悩むと、同制度の「加算支援金」の申請も後になっていく。

　石川県内では 2024 年 11 月時点で 6 市町の 206 世帯（豪雨分を除く）が、大規模な土砂崩れの発生等により、被災者生活再建支援法にもとづく「長期避難世帯」に認定されている。3 年、4 年以上の単位で、居住地を離れて仮生活を送ることが予想される。別の地区での住宅再建となれば、人口流出が一気に進む。認定世帯は被災者生活再建支援制度の下で「住宅全壊世帯」と同様の公的支援を受けている。

　宅地の被害や、液状化による地盤の崩壊も甚大であり、県主導で被災宅地等復旧支援事業が実施されている（基金事業）。それはのり面や宅地、擁壁の復旧、地盤改良、住宅基礎の傾斜修復などを目的とし、補助額は最大 766 万円、対象事業費の上限は 1200 万円であり、50 万円の応急修理等の少額工事相当額を控除したうえで、県が 3 分の 2、所

有者が3分の1の負担割合となっている。ただし、市町の追加支援が可能である（後述）。なお、石川県では、今回の地震を機に、県と市町が協力して住宅耐震化促進事業を拡充している（150〜280万円）。

　次に、中小企業の再建に対する主な公的支援は、以下のとおりである。仮設店舗・工房の整備と無償貸与、伝統的工芸品産業支援補助金、なりわい再建支援補助金、小規模事業者等持続化補助金、商店街の施設復旧・賑わい創出のイベントなどへの支援、北陸応援割（観光支援策）、雇用調整助成金。その他には、石川県による、当初5年間無利子かつ信用保証料を免除する融資への措置や、国・地域金融機関等との復興支援ファンドの設立（「二重ローン」対策）、国の支援対象外の希少な伝統工芸の再建支援などがあげられるが、一部を除いて目新しいものはない。

　このうち公的支援の柱となる、「なりわい再建支援補助金」（県事業として実施される）の公募は2024年2月末にスタートした。これは国と県の最大4分の3負担にもとづき、中小企業の被災した施設や設備などの復旧費用を支援する制度である。補助額は、1件当たり最大15億円（石川県）である。しかし、この制度にはかなりの不十分さがみられる。過去の災害時に創設された同様、類似の補助金を分析してきた筆者は、さまざまな問題をあげている（拙論2024aなど）。

　一例をあげると、財産処分等にかかる補助金返還ルールが立ちはだかる[3]。県作成の手続きの概説書にはそれに関する注意書きが複数箇所でみられ、強調されている。とくに奥能登の事業所や工場等の全半壊の割合は高く、施設の建替えに踏み切ったり、検討したりする事業主は少なくないであろう。施設の新築は超長期の経営を意味する。昨今の不確実性の高い経済環境のなかで、長期の事業計画を策定し、覚悟して申請してくださいというのはあまりに酷である。

3　インフラ復旧への対応

　地震によるインフラ被害の最大の特徴として、上水道の甚大な被害
と復旧の長期化があげられる（復旧に関する問題は拙論近刊などを参照）。
まず、被害の調査だけで多くの時間を費やした。そして、奥能登のう
ち輪島市と珠洲市の復旧は格段に長い時間を要しているが、輪島市で
は7月なかばで「復旧困難」地域があり、珠洲市にいたってはそれ以
外にも未復旧がみられる（珠洲市の9月なかばの給水戸数の割合60%
程度）。「困難」とは、土砂崩落の危険性があったり、電気が復旧して
いなかったりしていて、通水にほど遠いケースである。

　こうした点を議論する場合、上水道は下水道と一体的に捉える必要
がある。というのも、上水道が利用できても、水洗トイレが使えず、洗
濯や入浴による排水ができないことによる。下水道の被災程度も過去
の災害に比して突出している。このことは道路の復旧の進捗にも影響
を与える。被災者からみれば、とくに広域避難の場合、上下水道が復
旧すれば、帰還することを決める方がいる一方で、自治体からみれば、
被災者の帰還がなければ、自宅内の配管が修繕されない可能性が高く、
インフラ復旧の意義が低下することになる。

　財政面からみると、今回、上下水道の災害復旧事業にかかる地方財
政措置は拡充されている。通常であれば、地方負担に地方公営企業災
害復旧事業債を充当（充当率100%）し、その元利償還金に対して一
般会計が繰出しを行った場合に、繰出金の50%が特別交付税措置され
る。今回の特例措置としては、「地方負担額／営業収益」が100%を超
える事業が対象となる。国庫補助金3分の2以上をベースとしたうえ
で、一般会計の繰出しに補助災害復旧事業債を充当でき（充当率100
%）、元利償還金の95%が普通交付税で措置される。

第2章　自治体の財政対応　　59

表 2 - 2　奥能登の市町による主な「追加」等

	珠洲市	輪島市	七尾市
生活・住宅 再建関係	住まい再建支援金交付事業：市内での再建、再建費用800万円以上が前提となり、費用の10％（子育て世帯15％）が追加支援される（最大300万円）。	被災した高齢者施設の復旧費用への助成：市の上乗せにより、事業者の自己負担を1割に軽減する。	被災者生活再建支援金：準半壊の場合に最大20万円、一部損壊の場合に最大2万円を独自に給付する。
	住宅・建築物耐震改修促進事業：市独自の震災復興基金を原資として、補助金を上乗せする(補助上限は国庫負担等を含めて250万円)。	被災した保育施設等の復旧費用への助成：同様に、市の上乗せにより、事業者の自己負担を1割に軽減する。	被災建築物耐震対策補助金：耐震診断は最大10万円、耐震改修等工事は最大180万円の市の支援である。
	被災宅地等復旧支援事業：市独自の震災復興基金を原資として、補助金を上乗せする(補助上限919万円)。	住宅耐震改修工事（建替えに伴うケースを含む）：市の支援額180万円（耐震診断は一定条件を満たせば市全額負担）。	
		被災宅地等復旧支援事業：市の上乗せにより、公的負担は5/6に引き上げられている（所有者負担1/6）。	
仕事(生業) 再建関係	なりわい再建支援事業：県のなりわい再建支援補助金に上乗せし、事業者負担を1/4から1/5に軽減する。	国の支援制度の対象とならない、被災農地・農業用施設の自力復旧に対して支援する。	なりわい再生支援補助金：県のなりわい再建支援補助金、小規模事業者持続化補助金（災害支援枠）、中小企業持続化補助金（同）の交付を受けた事業者に対して、上乗せ補助を行う。各支援制度の事業者負担の1/2（上限50万円）の支援である。
	営業再開支援事業：県の営業再開支援補助金に上乗せし、小規模事業者の場合、事業者負担を1/3から10％に軽減する。	なりわい再建支援補助金：県の補助額の1/6（上限300万円）を追加支援し、事業者負担を軽減する。	商店街災害復旧事業補助金：県の商店街災害復旧事業補助金の交付決定を受けた商店街等組織へ、上乗せ補助を行う。商店街等の負担分の1/2（上限100万円）が支援される。

支援の一覧

能登町	穴水町
定住住宅助成金:既存の助成金が一部拡充され、新築で最大300万円、中古取得・改修で最大100万円の助成である。もともとの原資はふるさと納税である。	被災者生活再建支援金:中規模 半壊20万円、半壊20万円、準半壊10万円、一部損壊5万円の支援を行う(基礎支援金)。半壊では最大100万円を追加する(加算支援金)。
住宅復旧支援事業:一部損壊は定額15万円、準半壊は上限30万円である。対象は日常生活に必要不可欠な部分にかかる50万円以上の修繕・リフォーム工事である。	能登半島地震住宅取得奨励金:「町内で住家を新築する(または新築物件を購入する)世帯に対し」、半壊以上であれば、一律に100万円を追加支援する(被災者生活再建支援制度の枠組み)。
住宅耐震化促進事業:耐震化等は最大150万円(国60万円、県45万円、町45万円)、耐震診断は補助率3/4、上限9万円である。	住宅等復旧支援事業補助金:一部損壊、準半壊の世帯を前提とし、屋根または外壁等の修繕工事を行った世帯に対し、それぞれ最大34.3万円、最大36.3万円を補助する。
	被災宅地等復旧支援事業:町の上乗せにより、公的負担は5/6に引き上げられている(所有者負担1/6)。
	住宅耐震化促進事業:耐震診断は最大9万円(補助率3/4)、耐震改修・傾斜修復などは最大180万円(定額)である。
	家財一時保管支援事業補助金:一定の要件を満たせば、1世帯につき、上限5万円(1回限り)で、家財の保管料等に対して補助する。
なりわい再建支援補助金:県の補助金へ上乗せし、事業者負担を軽減する。補助率は1/2、補助上限は100万円である。	なりわい再生支援補助金:県のなりわい再建支援補助金、小規模事業者持続化補助金、中小企業者持続化補助金に上乗せする。いずれも補助率は1/2、補助上限は100万円である。
小規模事業者持続化補助金:国(県)の補助金へ上乗せし、事業者負担を軽減する。補助率は2/3、補助上限は100万円である。	小規模事業者応援事業補助金:町が建設する仮設商店街に入居する被災小規模事業者に対しての営業にかかる建物の造作や設備投資等に要する費用を助成する。補助上限は150万円、補助率は3/4(自己負担1/4)である。

4 市町の「追加」等支援

本節では被災市町による「追加」、「独自」の支援を取り上げる。その分析により各市町の支援の個別的な特徴が明らかになる一方で、それは国の財政措置の対象外であるために、国の対応課題が示唆される。

「追加」支援とは、国や県の補助金(補助事業)等に対して、市町が「上乗せ」で裁量的に措置することをさす。また、同じ制度の枠組みで、国や県の補助対象外に支援を行うこともあげられる(「横出し」)。これらは被災者の自己負担の軽減を目的に実施されることが多い。なお、ここでは災害対応にかかる法制度において、市町の負担が義務的に割り当てられている事業は想定されていない(主に

		営業再開支援補助金：小規模事業者であれば県補助額の1/4（上限50万円）、中小企業であれば県補助額の1/2（上限50万円）である。	営業再開支援補助金：県の営業再開支援補助金に上乗せし、事業主の自己負担額の1/2（上限50万円）を補助する。
		小規模事業者等持続化支援事業費：国の小規模事業者持続化補助金の1/4、県の中小企業者持続化補助金の1/2を支援する。上限額は50万円である。	被災した農地や農業用水路などの小規模な修理支援：町会や生産組合などに対して、被災箇所1カ所当たり40万円未満の簡易な修繕にかかる経費の10/10を追加支援する（基本は支援対象者1/4、県3/4の負担など）。既述のとおり、輪島市も類似の支援を行っている。
		伝統的工芸品産業支援補助金：上乗せ補助を行い、事業者負担を1/4以上から10％に軽減する。	
その他			集会施設再建事業補助金：町会等の集会施設を対象とする支援であり、市独自に各町会に市補助10/10、最大100万円を補助する。

〈石川県〉

| 仕事（生業）再建関係を中心とする主な支援 | 被災者生活再建支援金：市町村と共同で半壊の世帯に対して最大100万円（加算支援金）を
石川県被災地介護・福祉人材確保支援事業費補助金：七尾以北6市町の被災介護・福祉事業
する（独自支援）。
石川県営業再開支援補助金：営業再開に必要な仮設施設等の整備にかかる経費を、最大300万
石川県商店街災害復旧事業補助金：被災したアーケードや街路灯等の復旧整備にかかる費用
する（独自支援）。
石川県商店街にぎわい創出補助金：災害の影響により、来街者数および売上が減少した商店
定額補助する（独自支援）。
農村地域コミュニティ再生モデル集落支援事業：地域ぐるみでの営農再開をサポートし、新
ルを構築する（県10/10）。 |

注：基本的に、2024年9月時点の状況である。
出所：筆者のヒアリング調査や市町の広報などにもとづき作成。

ハード事業）。「（純粋な）独自」支援とは、基本的に、市町が災害対応のために一般財源だけを充当して実施する単独事業をさす。たとえば、珠洲市はふるさと納税などを原資として、独自の復興基金を創設しており、そこから充当される事業があげられる（ふるさと納税＝寄附金は特定財源として分類されることが多いが）。財政調整基金や義援金の

中小企業者持続化補助金：県の補助金へ上乗せし、事業者負担を軽減する。補助率は2/3、補助上限は100万円である。	
営業再開支援補助金：県の補助金に上乗せする。補助率は、小規模事業者の場合で2/3（上限100万円）、中小企業者の場合で1/2（上限50万円）である。	
コミュニティ・カーシェアリング補助金：日常生活上の助け合いを目的として、カーシェアリングを実施する町内の団体（仮設団地や地域など）を対象に補助する。補助額は年額で最大18万円（月額1.5万円）、補助率は経費の1/2である。	墓石等復旧支援事業補助金：お墓などを復旧、移設、新規建立した方に、町が独自に1世帯最大10万円を補助する。

給付する。
所の人員確保を支援するため、全従業員に一律15万円を給付

円まで、最大2/3補助で支援する（独自支援）。
および、来街を妨害するような障害物の除去費の3/4を補助

街が実施する「にぎわい創出の取組み」を最大100万円まで

たな営農体制の確立とコミュニティ機能を再生する地域モデ

一部を原資とする場合もある。

「独自」支援はそれほど多くないが、筆者はすべてを把握していないために、ここでは主な分析対象は「追加」支援となる。なお、国の特別交付税等を原資とする石川県の復興基金だけを用いる、市町による単独事業も「独自」支援に含まれてもよいが、これについては次節で分析する。

ここでは紙幅の制約のために、被災市町や県による主な「追加」等支援を表で一覧にした（表2-2）。詳細は拙論2024bを参照していただきたい。石川県の場合、仕事の再建に対する「独自」支援が目立つ。表2-2にないものをあげると、たとえば、小規模事業者事業継続支援補助金は、国の「小規模事業者持続化補助金（災害支援枠）」に上乗せするものである。補助対象経費300万円以上を前提とし、補助上限は100万円、補助率は3分の2である。

次に、市町に関しては、生活・住宅再建関係では、被災宅地等復旧

や住宅耐震改修促進にかかる「追加」支援があげられる。また、一部の市町は県の動向を踏まえて、被災者生活再建支援制度等の対象外となる準半壊、一部損壊の世帯に対して「追加」給付している。「追加」という性格によるのか、支援の特徴は総体的に「横並び」となっている。仕事（生業）再建関係でも「横並び」がみられるものの、1件当たりの支援額は比較的大きい。とはいえ、支援額は、東日本大震災時に比してかなり見劣りする。コミュニティ向け支援となると、ほとんどみられないのが実状である。

5　復興基金の検討

　能登半島地震下では国が原資を拠出して、石川県の復興基金が創設されている（**図2−1**）。それと同様の復興基金は東日本大震災や熊本地震でも創設されたが、歴史的にみて、復興基金制度の創設の背景には、災害に伴う個人に対する財産的損失補償の拒否という、被災者支援にかかる国の考え方がある（拙論2021など）。復興基金は国や自治体の復興施策・事業を補完し、被災者、被災地域の実態に即してきめ細かく対応することができるように、地域・自治体の要請に応える形で創設される。したがって、被災地域・自治体からは高い評価がみられる一方で、「復興」（の定義）それ自体が重要な論点となるために、使途や規模のあり方については、地域・自治体から不十分さが指摘されることがある。

　石川県復興基金の規模は約540億円である。国は原資として特別交付税520億円を拠出した。復興基金の規模は過去の算定ベースからみて割り増しされ、国の財源措置では政治的な側面もあいまって、熊本地震時を上回っている。基金の多くは市町に配分される（**表2−3**）。基金の使途としては、熊本地震をベースとする側面が強いが、今回の地

〈復興基金への特別交付税措置（基金の規模）〉
復興基金は、東日本大震災および熊本地震と同様、「取崩し型」基金である。
復興基金の規模は、阪神・淡路大震災、東日本大震災の被災3県および熊本地震における復興基金への措置と同様の考え方を基本としつつ、高齢化率が高く、財政力が低いという能登6市町の実情に鑑み加算を行い、520億円を特別交付税により措置された（阪神・淡路大震災の措置額をベースに、県および被災市町の標準財政規模に比例する形で、規模が設定された）。

[石川県 520億円] ＝ + ← 基金規模は、実際には岸田首相の、「熊本地震超えでいく」という政治決断で決まったといえる。

〈基金の使途・運用〉
基金を活用した事業の内容や事業期間は、石川県において自主的に判断する（たとえば、液状化対策事業、宅内配管修繕事業、住宅再建利子助成事業など）。
基金規模の算定は、被災市町の財政需要を踏まえたものであり、また、被災市町の実情にもとづく加算がなされていることを踏まえ、きめ細かな事業を実施するという基金の趣旨からも、市町事業に十分に配慮したものとなるよう、石川県において市町と協議する。

【新潟県・富山県への特別交付税措置】
液状化対策にかかる単独事業（地方自治体が行う所有者への補助）について、毎年度の算定のなかで、特別交付税措置（措置率0.8）を講じる。

図2-1　令和6年能登半島地震にかかる石川県創設の復興基金とそれへの国の対応

注：復興基金の実際の規模は、被災地支援宝くじ収益金の県分19億8千万円を加えた約540億円である。
出所：『地方財政』第63巻第7号（2024年7月号）、42頁の図を一部加工して転載。

表2-3　令和6年能登半島地震にかかる石川県の復興基金540億円の活用方針

【基本メニュー（県分・市町分）】 400億円程度	【市町枠配分（市町分）】 100億円	【後年度課題対応分】 40億円程度
2024年度9月補正77億円 　　県事業　11事業、16億円 　　市町事業　27事業、61億円 2032年度（創造的復興プランの期限）までの所要額見込み（総額） 　　県　100億円程度 　　市町　300億円程度	2024年度9月補正（1次配分） 　　　　　　　　　　　50億円 追加配分予定　50億円	復興の進捗に合わせて新たに顕在化する財政需要

注：石川県の2024年度9月補正予算の時点。そこでは127億円（県事業16億円、市町事業111億円）が計上され、執行内容の具体化が本格スタートした。
出所：石川県の2024年度9月補正予算に関する記者発表資料より筆者作成。

表2-4 石川県の復興基金にかかる市町事業（61.4億円）、市町枠配分（50億円）の
予算計上（2024年度9月補正時点）

(単位：百万円)

事業分野		事業名	予算額
暮らしの再建	被災者の生活支援	被災者の見守り強化	115
		仮設住宅における自治組織の立ち上げ支援	17
		仮設住宅の維持管理に対する支援	318
		被災地域の防犯灯の管理支援	68
		仮設住宅からの移転費用の支援	1
		説明会等での託児サービスの提供	2
	住宅再建の支援	恒久的な住居への転居費用等の支援	111
		住宅再建の相談支援・情報発信	69
		市町営住宅の空室利用の促進	16
		被害を受けた宅地の復旧と住宅の傾斜修復等への支援	3,317
		土砂災害特別警戒区域内の被災住宅の移転再建支援	144
		小計	4,178
地域コミュニティの再建支援		地域コミュニティ施設等の再建支援（地域で管理する集会所や神社等の建替・修繕への助成）	1,252
		自治公民館の再建支援	63
		地域水道施設の復旧支援	136
		生活道路の復旧支援	133
		集落の共同墓地の復旧支援	88
		小計	1,672
能登の特色ある生業の再建	中小企業等への支援	商店街等の街路灯の管理支援	3
		仮設商店街等の整備支援	105
		小計	108
誰もが安全・安心に暮らし、学ぶことができる環境・地域づくり	災害対応力の強化	住宅の耐震改修促進	150
		指定避難所等の機能強化	66
		自主防災組織の機能強化	28
		市町の防災体制の強化	4
		震災遺構候補の仮保存への支援	4
		小計	252
		〈合計〉	6,210

出所：石川県ホームページ・令和6年度9月補正予算概要欄から筆者作成。

震復旧ならではの側面もある程度みられる。県の初期の事業では、住宅応急修理工事の促進（地元外業者発注の追加費用負担軽減）6億円にみるとおり、特徴的な内容がいくらかある（詳細は拙論2024bを参

照）。市町の初期の事業では熊本地震時のような内容が色濃くみられる。これは使途が限定的であるという意味ではなく、最新の情報もあわせると多様化が進んでいる（表2-4）。

2007年の能登半島地震時に創設された復興基金は、今回のものとは制度、運用のいずれの面でもかなり異なるが、生活・住宅再建関係が中心となった（仕事再建は別に創設された基金からも支援された）。被災者生活再建支援法制度の適用の他に、住宅の建設・補修に際して、「耐震・耐雪」、「バリアフリー」、「景観配慮」、「県産材活用」、「建ておこし」などの一定の条件を満たした場合、最大200万円（大規模半壊世帯以上対象）が助成された。被災地域の振興およびコミュニティの維持・再生を支援する事業メニューもあり、たとえば、「震災復興地域づくり総合支援事業」があげられ、民間団体が地域の主体性と創意工夫により地域資源を積極的に活用する取組みなどに対する助成であった（穴水町中心街におけるJR跡地を活用した防災拠点の整備など）。

6　財政対応の課題

能登半島地震の最大の特徴をあげれば、半島・過疎地域、超少子高齢社会の大規模な多重・複合災害である。近年の大災害と比較すると、半島地域の多重災害に対する、被災地域内外の主体の対応が最も問われていたことになるが、関連死が再び膨大な規模に及んでいることは間違いなく、防災・予防の敗北である。したがって、国・自治体はそのことを自覚すべきであり、財政対応の根本的な見直しは避けられない。つまり、その方向性は国民の生命・健康を確保し、人権（人間の尊厳）を保障する対策の徹底である。そして、とくに関連死や不認定死の要因を丁寧に分析し、近年注目されている事前復興や災害ケースマネジメントなども推進しながら、ハードとソフトの両面での予防対

策や避難生活にかかる財政（財源）を充実、強化する。そして、ソフト面では仮設から本設の生活に移っても、医療費の窓口負担や介護サービス利用料などの免除や、医療・介護施設の供給体制の確保に対する、国・県の特例的な財政措置の長期継続が求められる。

　そのうえで、とくに半島地域の多重災害に対する国・自治体の財政対応の成果と課題をあげれば、次のとおりである。国の財政措置の規模や内容は、熊本地震に比して同じ、ないし上回る水準となっているが、地域ぐるみで、復旧（応急、本格）、復興を見据えたまちづくりや土地利用を、段階を踏んで協議する必要があり、国には、地域・自治体が中長期的にも対応できるような財源手当てが欠かせない。また、県・市町間関係の側面からは、ハード、ソフトの両面にわたって、県が事業実施において市町をフォローすることが多い。これは過去の大災害でもみられたが、市町の事業体制（派遣職員を含む）の強化が課題であることを示唆している。

　生活・住宅再建関係では、被災者生活再建支援制度の支援金拡充が見送られ、引き続き重要な課題にあげられる。建設費の高騰等を背景に、とくに住宅再建で苦悩する被災者が多い。住家の公費解体さえ道半ばであるなか、被災者の思いは、「見捨てられたかもしれない」、「仮設で最期を迎えたくない」である。

　仕事（生業）再建関係では、なりわい再建支援補助金における申請の煩雑さや手続きの長期化などが大幅に改善される必要がある。また、補助金返還問題については、財産処分の制限ルールを杓子定規にあてはめることは厳しく、業態転換や事業発展などの制約になる。補助金返還の軽減や免除が特例的に認められてよい。

　インフラ復旧関係では、とくに複数の市町において上水道の被害の広範化や復旧の長期化がみられるが、総合的かつ徹底的な防災を見据えて、耐震化や複線化、液状化対策等に対する国の財政措置を強化す

べきである。また、小規模集落等における新たな水供給システム（「分散型システム」）のモデル構築およびそれへの手厚い財政措置も検討に値する。

　被災自治体による「追加」支援においては、市町間の「横並び」が色濃くみられるが、それだけ特定の課題に集中していると解釈でき、支援拡充の条件整備を必要としていることになる。これに対して「独自」支援に関しては、復興のステージも見据えて、支援の多様化を進めるのであれば、復興基金に頼る側面が強くならざるをえない。そこでは、市町の裁量ができるだけ認められなければならない。さらに、「能登の里山里海」を支える、コミュニティ活動支援（従来型の町内会に限らず、非営利・協同組織等も主体に含む）の体系モデル構築こそが求められている。なお、公共交通をはじめ地域の「足」の確保や、共同、個人などの墓地の復旧、伝統芸能や祭事、民俗行事の再建にかかる公的支援は重要な論点となるために、国・県の補助事業や公益財団法人の支援などと調整しながら、支援拡充の方向性が決められてよい。

　半島地域の多重災害からの復旧、復興の核心が生活・住宅や仕事に加えて、コミュニティ活動に見出されるとすれば、それへの支援の可視化、強化が求められる。この点も踏まえて、東日本大震災時のような特例法制度を整備し、その下で国の財政措置が大幅に拡充されるべきである。そして、地域・自治体の持続性への展望を明確に見出せるように、災害財政の見直しを進めていく。コミュニティの再建に対する財政措置としては、「平成の大合併」時にみられた、旧市町村の行政区（町内会）に対する交付金システムの先進事例が参考になり、震災前の人口等をベースにして、使途自由の交付金を早期に交付する。まず大づかみで交付して、どのコミュニティも維持できると、被災地域に安心感をもってもらえばよい。今後、市町レベルでは、域外の企業、住民を対象とする移転・移住再建を巡る「誘致合戦」が懸念されるが

（財政力が弱い奥能登4市町は、ふるさと納税が下火になると不利になりうる）、上記のような財政対応こそが真の復旧、復興に資すると信じたい。

［追記］

　本稿では、9月の豪雨災害に関する分析を直接的には行っていないが、被災市町へのヒアリング調査では、多重被災に対する国の特例措置が限定的であり、抜本的な改善を求めたい、というコメントが最も印象に残っている。例示すればきりがないが、たとえば、宅地内に流出した土砂撤去にかかる費用に対する特例措置があげられる。地震ではそうした事例は少なかったが、豪雨災害では多発しており、災害復旧支援のメニューとして不可欠となっている。豪雨災害を含む追跡調査および分析継続は今後の課題である。

注
1　本論は拙論（2024b）をベースにしている。
2　被災者生活再建支援制度上の罹災証明判定区分は、被害が大きい順に、全壊（損害割合50％以上）・半壊解体・敷地被害解体・長期避難世帯、大規模半壊（同40％台）、中規模半壊（同30％台）であり、中規模半壊より被害が小さい半壊、準半壊、一部損壊は適用の対象外となる。基礎支援金として全壊等には最大100万円、大規模半壊には最大50万円、加算支援金としていずれも最大200万円、中規模半壊には加算支援金のみ最大100万円が支援される。
3　財産処分等にかかる補助金返還ルールとは、所定の期間未満での、機械や施設の償却や財産処分などにかかる補助金返還であり（補助金適正化法）、他の災害時にも適用される。

参考文献
・穴水町ホームページ https://www.town.anamizu.lg.jp（最終閲覧2024年11月30日）。

・石川県ホームページ・平成 19 年能登半島地震記録誌欄 https://www.pref.ishikawa.lg.jp/bousai/bousai_g/notohanto_eq/kirokushi/index.html（最終閲覧 2024 年 8 月 31 日）。
・石川県ホームページ・令和 6 年（2024 年）能登半島地震に関する情報欄 https://www.pref.ishikawa.lg.jp/saigai/202401jishin-taisakuhonbu.html#higai（最終閲覧 2024 年 12 月 1 日）。
・桒田但馬（2018）「東日本大震災と熊本地震からの復興政策の実態と課題―変化をどう説明するか―」『大阪経大論集』第 69 巻第 2 号、149-185 頁。
・桒田但馬（2021）「平成 28 年熊本地震復興基金の実態分析」岩手県立大学総合政策学会ワーキングペーパー 151 号。
・桒田但馬（2024a）「東日本大震災等におけるグループ補助金の教訓と能登半島地震等におけるなりわい再建支援補助金の課題」『中小商工業研究』第 161 号、10-17 頁。
・桒田但馬（2024b）「令和 6 年能登半島地震からの復旧 8 ヶ月―国・自治体対応の実態と課題―」岩手県立大学総合政策学会ワーキングペーパー 174 号。
・桒田但馬（近刊）「令和 6 年能登半島地震からの復旧 4 ヶ月―被災自治体の行財政対応を中心に―」『政策科学』第 32 巻第 4 号（2024 年 10 月 23 日脱稿）。
・珠洲市ホームページ https://www.city.suzu.lg.jp（最終閲覧 2024 年 11 月 28 日）。
・武田公子（2024）「能登半島地震発災から半年間の自治体財政―国・県・市の予算編成から見えること―」金沢大学経済学経営学系ディスカッションペーパー 88 号。
・七尾市ホームページ https://www.city.nanao.lg.jp/index2.html（最終閲覧 2024 年 10 月 25 日）。
・能登町ホームページ https://www.town.noto.lg.jp/www/normal_top.jsp（最終閲覧 2024 年 12 月 1 日）。
・輪島市ホームページ https://www.city.wajima.ishikawa.jp（最終閲覧 2024 年 11 月 15 日）。

第3章

地域経済からみた発災後の
復旧活動と復興計画
―生活再建と生業再建の現状把握を中心として―

小山大介

1 災害の実態を捉えるために

　能登半島地震から1年、奥能登豪雨から半年が経過している。2024（令和6）年12月26日の石川県知事の記者会見は、避難住民が大幅に減少したこと、能登半島の幹線道路である国道249号が限定的ながら全通したことを報告する内容であった[1]。しかし現状は、復興の加速化を楽観視できる状況にはなく、復興活動はもとより、復旧活動すら十分進んでいないと言わざるを得ない。生活再建から生業再建への流れが進んでいないのである。その原因は、これまでも指摘されてきた通り、県や国の救援、復旧への初動が遅れたこと、投入された人、事業者、ボランティア数、予算が十分ではなかったこと、能登半島の地形が道路復旧や物資等の供給網整備の障害になったことなどを挙げることができるが、能登半島地震、奥能登豪雨に対する復旧活動がスピード感を持って行われていないことは、地域住民や地域で事業を行っている中小企業・小規模事業者、農家にとっては死活問題である。そのため、確かな現状分析のもと、その原因を究明し、課題克服への礎

としていく必要がある。

本章の目的は、地域経済の視点から発災後の復旧活動と復興計画の実態を捉えることにある[2]。そのため、まず、能登半島地震、その後発生した奥能登豪雨による被害の実態を把握した後、2024 年 8 月、2 度にわたって行った能登半島における行政や事業所、北域金融機関などへのヒアリング調査を含む現地調査[3]と、9 月 29 日に行われた「能登半島地震合同研究会シンポジウム」[4]での成果をもとに、現状の復旧状況、地域経済再建に向けた動き、復興計画作成のなかで、起こっていることを中間的な調査成果として報告したい。その際、最も重要なことは、地域住民の視点に立った地域経済・社会の再建、つまり、生活再建から生業再建までの道筋を明確化し、復興計画は地域経済・社会の再建を最重要課題とする点にある。しかし、調査から明らかになったことは、情報の不一致、各種機関の連携の不十分さ、補助金制度の不備、復興計画における方向性の違いであり、地域内各所では課題が噴出しているということである。そのなかにあって、復興計画をめぐり「惨事便乗型資本主義」[5]を思わせる事態も発生していることが明らかとなっている点である。

2　能登半島地震における地域経済・社会の被害実態

能登半島地震、奥能登豪雨による直接的な被害実態、そしてその後の復旧活動、生活再建から生業再建への動きを把握する前に、能登半島における発災後の人口動態を確認し、被害の深刻さを共有しておきたい。図 3−1 は、能登地域と奥能登地域各自治体の発災後の人口動態を示したものである。これによると、震災前の 2023 年 12 月には、16 万 6257 人の人口を擁していた地域が、発災後の人口減少によって、2024 年 11 月には 15 万 8978 人にまで減少している。この間の能登地

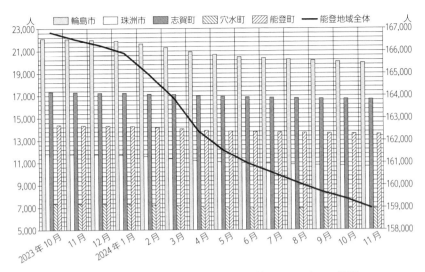

図3-1　能登地域と奥能登地域の各自治体における人口の推移
注1：能登地域全体は、羽咋郡以北を集計した数値である。
注2：各月の1日時点での推計人口を記載している。
出所：石川県総務部人口労働グループ統計データ（https://toukei.pref.ishikawa.lg.jp/search/min.asp?sc_id=10　アクセス日：2025年1月2日）より筆者作成。

域における人口減少率は4.4％であり、とくに甚大な被害を受けた輪島市や珠洲市では、人口減少率がそれぞれ9.3％と9.4％に達している。また、穴水町、能登町においても5.0％以上の人口減少となっている。2022年12月から2023年11月までの人口減少率が全体で2.2％、輪島市や珠洲市においても3.0％前後なっていることを考えると、発災後に人口減少が加速していることが分かる。また、震災から10か月以上の月日が経ってもなお、人口減少に歯止めが掛かっていないことを考えると、生活再建から生業再建への動きが十分進んでいないことが人口動態からも明らかとなっている。この原因を明確化させるためにも、能登半島地震、その後の奥能登豪雨における被害実態と、復旧活動の遅れを把握しておく必要がある。

3 能登半島地震における被害の広域性

　表3-1は、能登半島地震による被害状況（2024年12月24日現在）を示している。この被害状況は発災後、毎月のように更新され、そのつど被害実態が広域化、深刻化している。また、各県は所管地域の被害のみを公表しているにすぎず、地域横断的な被害実態を把握するには、内閣府の防災情報から資料を得る必要がある。この表3-1は、もちろん石川県における被害の大きさを示したものであるが、注意すべき点は、新潟県、富山県においても多くの被害が発生しているという点である[6]。つまり、震災の名称こそ「令和6年能登半島地震」とされているが、その実態は、石川県を中心としながらも、福井県から新潟県、内陸に位置する長野県にわたる広域的な地域で被害が発生し、北陸地方全体に被害を及ぼした大規模災害ということである。だが発災当初からの報道では、あたかも震災による被害が能登半島のみで発生しているかのような報道がなされ、被害全体の把握や深刻な事態の認識を遅らせてしまったと言わざるを得ない。例えば、能登半島の入り口に位置する富山県氷見市や高岡市では、沿岸部で液状化被害が多数発生しているのにくわえ、氷見市の中心市街地では、家屋や商店の倒

表3-1　能登半島地震による被害状況（2024年12月24日現在）

	人的被害（人）					住宅被害（棟）			
	死者	災害関連死	重症	軽傷	小計	全壊	半壊	一部損壊	合計
石川県	483	255	378	1,254	2,115	6,077	18,328	77,990	102,395
新潟県	4	4	11	43	58	109	4,080	19,861	24,050
富山県	2	2	14	42	58	259	805	21,341	22,405
合計	489	261	403	1,339	1,855	6,445	23,213	119,192	148,850

出所：内閣府防災情報ページ（https://www.bousai.go.jp/updates/r60101notojishin/r60101notojishin/index.html　アクセス日：2025年1月2日）より筆者作成。

表3-2　令和6年奥能登豪雨による被害状況（2024年10月16日現在）

	人的被害（人）				避難状況		住宅被害（棟）			
	死者	重症	軽傷	小計	避難所数	避難者数	全壊	床上浸水	床下浸水	小計
輪島市	10	1	34	46	21	342	10	192	419	621
珠洲市	3	0	9	12	10	45	5	113	401	519
能登町	1	1	2	4	1	6	1	13	231	245
合計	14	2	45	62	32	393	16	318	1,051	1,385

出所：石川県危機管理監室資料（https://www.pref.ishikawa.lg.jp/saigai/documents/kaigi siryou_15_2.pdf アクセス日：2025年1月2日）より筆者作成。

壊・半壊が各所で大規模に発生している。また、新潟県でも液状化現象が沿岸部で発生し、住民生活や中小企業の事業継続に大きな被害を及ぼしている。

　石川県内を取ってみても、確かに震災による被害は、輪島市、珠洲市、能登町、穴水町、七尾市などに集中しているものの、内灘町などでは液状化現状によって道路や上下水道などのインフラが寸断される事態となっている。また、金沢市でも住宅地ののり面が崩落するなどの被害が発生している。能登半島地震は、石川県能登地方のみの震災では決してなく、北陸地方全体を襲った広域災害であり、名称や報道にとらわれることのない長期的かつ全面的に支援を行っていく必要がある（小山 2025）。

　また、2024年9月に発生した奥能登豪雨では、線状降水帯の発生によって輪島市、珠洲市で甚大な被害が発生している。表3-2は奥能登豪雨における被害実態を示しているが、この災害によって、土砂崩れや道路の寸断、川の決壊、家屋の倒壊、流出、仮設住宅の浸水などが発生しており、復旧活動からの生活再建の動きが完全に振り出しに戻ることになった。これら奥能登豪雨における被害実態については、近年において各所では発生している豪雨被害から線状降水帯の発生は予測可能なことであり、そもそも沿岸部を中心に地盤が沈下している珠

洲市や穴水町、能登町では、低地に設置した仮設住宅の浸水は想定できたことである。豪雨被害が拡大した点については「人災」の可能性すらある。

4　遅れる生活再建・生業再建と地域経済の復旧

1　農業被害の実態と道半ばの再建

　地域経済は、特定の巨大企業や分工場によって成り立ってたわけではない。住民の日々の生活とそれを支える中小企業、小規模事業者が地域内で再投資を繰り返すことによって、地域経済や地域社会が成り立っている。地域で生活する住民は、地域の企業や事業所を経営し、働くことで地域内に所得が生まれ持続的な経済が形成されている。そのため、「地域内再投資力」（岡田 2020）と地域内経済循環がなによりも重要となる。これらの経済活動は、地域住民が支えていることを考えると、まずは生活再建を進め、安心して仕事や社会活動、経済活動に従事することができる環境の整備が必須となる。能登半島地震では、このような生活再建から生業再建への動きに遅れが目立っており、農業への被害も大きい。

　農業に関する被害の実態については、体系的な実態把握が行われておらず、国や県、市町から限定的な報告が行われているのみあり、全体像の把握は困難となっている。そのような状況のなか甚大な農業被害の実態が徐々に明らかとなっている（村田武 2024）。そこで本節では、能登半島地震、その後の能登合意における農業被害の実態にふれ、生活再建、生業再建への動きについて考察したい。

　まず、表3-3で農林漁業の被害の実態を把握しておきたい。ここでは石川県、新潟県、富山県、福井県の被害実態について示しているが、このほかにも長野県や岐阜県といった地域で被害が報告され、ここで

表 3-3　能登半島地震により農林漁業被害状況
(2024 年 11 月 26 日現在)

	農地	農業用施設等	林道施設被害	漁船被害
石川県	1,810 箇所	5,531 箇所	2,246 箇所	340 隻以上
新潟県	148 箇所	651 箇所	8 箇所	17 隻
富山県	412 箇所	2,028 箇所	29 箇所	8 隻
福井県	18 箇所	63 箇所	0 箇所	1 隻

注：漁船被害には、転覆・沈没、座礁、一部損壊、流出が含まれる。
出所：農林水産省「令和 6 年能登半島地震に関する情報」(https://www.maff.go.jp/j/saigai/r6notojishin.html アクセス日：2025 年 1 月 2 日) より筆者作成。

も震災の広域性が明らかとなっている。石川県における被害は、農地、農業用施設等、林道施設被害、漁船被害にまで広がっており、石川県の農林漁業が甚大な被害を受けていることが分かる。だが、富山県や新潟県でも農業関連施設に大きな被害あり、農業用のため池、

表 3-4　能登半島地震により各自治体の農業被害件数 (2024 年 8 月 21 日現在)

	農地	農道	水路	ため池	揚水機
石川県	1,810	1,834	2,420	369	226
七尾市	149	100	153	95	42
輪島市	270	381	403	81	26
珠洲市	344	272	449	68	14
志賀町	136	281	293	44	66
穴水町	186	274	283	4	1
能登町	484	234	472	45	7

出所：石川県第 54 回災害対策本部員会議資料 (chrome-extension://efaidnbmnnnibpcajpcglclefindmkaj/https://www.pref.ishikawa.lg.jp/saigai/documents/0821siryou2.pdf アクセス日：2025 年 1 月 2 日) より筆者作成。

ダム、集落周辺の治水施設への被害も確認されている。このうち、石川県能登地域における被害実態のみを抽出したのが表 3-4 である。これによると、石川県における農地被害の 86.7%、農道被害の 84.1%、水路被害の 84.8%、ため池被害の 91.3%、揚水機の 69.0% が能登地域に集中しており、そのなかでも輪島市、珠洲市、能登町での被害が大きくなっている。その結果、「JA のと」管内における 2024 年度米集荷契約数量は、2023 年と比較し、63.2% にまで減少している[7]。さらに、

第 3 章　地域経済からみた発災後の復旧活動と復興計画　79

表 3-5　令和 6 年奥能登豪雨における農業被害箇所（2024 年 10 月 16 日現在）

| | 農地 | 農業用施設 | | | | | 合計 |
| | | ため池 | 頭首工 | 水路 | 揚水機 | 農地 | |
	法面崩壊、土砂流出	決壊、法面崩壊等	破損、土砂堆積	破損、土砂堆積	故障、土砂堆積	法面崩壊、土砂堆積	
輪島市	455	37	19	139	21	80	751
珠洲市	228	30	28	213	14	91	664
穴水町	10		1		5		16
能登町	426	6	32	297		76	837
合計	1,119	73	80	649	40	247	2,250

出所：石川県第 15 回災害対策本部員会議資料（chrome-extension://efaidnbmnnnibpcajpcglclef
indmkaj/https://www.pref.ishikawa.lg.jp/saigai/documents/kaigisiryou_15_2.pdf アクセ
ス日：2025 年 1 月 2 日）より筆者作成。

表 3-5 で令和 6 年奥能登豪雨における農業被害を重ね合わせると、地震による被害もさることながら、奥能登豪雨において輪島市、珠洲市、能登町では、農地、農業用施設に二重の被害が出ていることが明らかとなっている[8]。その結果、2024 年度について契約数量に比べ、集荷数量が大きく減少しており、うるち米全体での集荷率は、56.2% となっている。また、2024 年度の集荷数量は 2023 年度と比較し 39.2% となっており、実に 6 割減という結果となっている。この原因は、地震による復旧活動の遅れとその後の奥能登豪雨による被害、能登町、珠洲市などにおける地盤沈下に伴う農地の塩害、猛暑による収穫数量の減少など複合的に要因が関わっている。8 月に実施した 2 度の現地調査では、JA のと本店を訪問し、復旧活動の動き、農業再建への動きについてヒアリングを実施した。JA のとでは、迅速な初動体制の構築や臨時の避難場所の確保などが行われており、理事長のリーダーシップのもと農業復旧・復興に向けた活動が進められていた。しかし、現場、地域での努力に比べ、地震発災後の国・県における復旧対応の遅れが、その後の災害への対応が鈍らせ、被害をさらに広げた可能性は否めない。

表3-6　JAのとにおける米集荷実績

(単位：30kg/袋)

	令和5年10月27日現在		令和6年10月28日現在		増減率	
	契約数量① (申出数量)	集荷数量② (合計)	契約数量③ (申出数量)	集荷数量④ (合計)	③/①	④/②
能登米コシヒカリ	92,373	82,039	56,095	30,135	60.7%	36.7%
能登棚田米コシヒカリ	10,063	9,002	6,269	3,832	62.3%	42.6%
能登特別栽培コシヒカリ	4,262	4,331	3,817	2,148	89.6%	49.6%
コシヒカリ	2,906	4,678	2,225	1,236	76.6%	26.4%
能登ひかり	18,004	15,495	9,616	6,950	53.4%	44.9%
ひゃくまん穀	21,541	20,096	15,972	7,896	74.1%	39.3%
ゆめみづほ	4,922	4,431	3,040	2,600	61.8%	58.7%
うるち米合計	155,764	141,110	98,506	55,339	63.2%	39.2%

注：「ひゃくまん穀」は石川県の独自ブランド米であり、9月に収穫が行われる「晩成品種」である。

出所：JAのと『まあんで能登』2023年11月号、2024年11月号（https://www.is-ja.jp/noto/magazine/ アクセス日：2025年1月2日）より筆者作成。

2　生活再建に向けた仮設住宅の建設と公費解体

　生活再建から生業再建へと動きを加速されるためには、まず1次避難場所から安心して居住することができる仮設住宅へと移動が必要不可欠となる。また、復興へのステップとして全半壊した家屋や事業所などを公費解体し復興への足掛かりとする必要がある。だが、2024年8月、2度にわたって実施した現地調査でみえてきたのは、公費解体の遅れである。表3-7は能登半島基礎自治体における公費解体の進捗状況を示している。これによると、2024年11月末の段階で公費解体が完了した割合は、申請棟数の33.0%のみとなっており、七尾市、輪島市、志賀町では、公費解体完了棟数は、全体の3割以下という状態となっている。現地調査では、穴水町、能登町で公費解体が比較的進んでいるとの情報を得ていたが、7月から8月以降、珠洲市において解体が進んでいることが分かる。だが、石川県は公費解体の完了時期を2025年10月に設定しており、現状から判断しても公費解体が十分に進んでいないことは明らかである。現地調査後の9月以降能登地域

第3章　地域経済からみた発災後の復旧活動と復興計画　　81

表3-7　市町村別の公費解体進捗状況（2024年11月末現在）

	申請棟数①	着工棟数	完了棟数②	完了棟数内訳			解体率 （②/①）
				公費解体	緊急解体	自費解体	
七尾市	4,196	2,995	1,092	880	9	203	26.0%
輪島市	10,101	6,817	2,434	2,189	225	20	24.1%
珠洲市	7,100	5,037	3,452	3,324	111	17	48.6%
志賀町	3,791	2,742	1,092	880	9	203	28.8%
穴水町	2,545	1,741	1,081	1,069	0	12	42.5%
能登町	2,999	2,155	997	940	2	25	33.2%
その他	2,679	1,674	948	668	4	276	35.4%
合計	33,411	23,161	11,096	9,950	360	756	33.0%

出所：石川県生活環境部資源環境推進課資料（https://www.pref.ishikawa.lg.jp/haitai/kouhi
　　　kaitai.html アクセス日：2025年1月2日）より筆者作成。

が復興へと足掛かりを得ているとは言えない状態となっている。

　このように、公費解体の動きが遅れている要因は複数ある。まず、公費解体を請負うことができる事業者が少ないこと1次避難だけでなく、2次避難が行われており、手続き自体を行うことが難しい住民が多くいること、などである。持ち主の特定が難しい空き家や倉庫、納屋などが多数存在していること、などである。公費解体を進める上で必要となる財産放棄に手間取り申請ができないこと、などである。また、上下水道の復旧が遅れによって、解体の際、必要となる真水の調達が難しかったことが要因として挙げられるが、瓦礫の撤去や災害ゴミの集約、被災者支援にあたる災害ボランティアを石川県が発災当初から登録制としたことで、域外からのボランティア数が抑制されることになった。また、2007年の能登半島地震に比して広域的な地域で被害が発生したため、地域内で災害ボランティアを募ることができなかったことも大きい。阪神淡路大震災以降、大規模災害発生時におけるボランティアの存在は貴重であり、民間支援団体には、これまでのノウハスが蓄積されている。発災当初から登録制となった受入体制は、8月のヒアリング時点でも継続されており、現在もなおボランティアは圧倒

的に不足している。

　仮設住宅の建設についても遅れと不備が目立っている。東日本大震災発生時、岩手県では仮設住宅の建設が発災後5か月で完了し、熊本地震においても発災後7か月ですべての仮設住宅が完成している。だが、能登半島地震では、8月の現地調査時点で仮設住宅への入居が開始されたのみであり、全戸の建設が完了していたわけではなかった。また、建設された仮設住宅についても、一部が用地不足を補うため川沿いや沿岸部近くの低地、土砂災害計画区域内に建設されたことで、完成した仮設住宅敷地への海水流入被害などが発生している。また、9月に発生した奥能登豪雨によって、入居が完了した仮設住宅や仮設工房などが浸水し、復旧から復興への足掛かりを再度失うことになっている。このように、能登半島地震では、仮設住宅の建設や公費解体が遅れることによって、生活再建と安全・安心の居住環境整備が大幅なに遅れ、全戸の仮設住宅が完成したのは、2024年12月下旬にまでずれ込むことになった。また、子どもを抱えた現役世代や高齢者にとっては、過酷な状況が長く続いたことで、安定した住環境や仕事を求めて多くの人が能登半島を離れ、人口減少が加速した。能登半島地震発生後の対応の遅れや奥能登豪雨における被害の拡大は、自然災害の枠を超えた「人災」としての色彩を有していると言わざるを得ない。

3　生業再建に向けた事業の再構築と補助金交付

　能登半島地震では、農地、家屋への被害のみならず、地域で事業を営む中小企業や小規模事業者にも大きな被害が発生している。七尾商工会議所が2024年2月に実施した会員企業を対象としたアンケート調査では、回答企業の約42%が被害状況を「深刻」と回答している。珠洲市では、事業者の被害が甚大であり、被害の全体像を把握することができず、8月時点で連絡を取ることのできない事業者も存在した。こ

表 3 - 8　各種補助金の採択状況（2024 年 10 月 30 日

	なりわい再建支援補助金（件）			
	第 1 回交付決定 （2024 年 3 月 27 日）	第 2 回交付決定 （2024 年 5 月 10 日）	第 3 回交付決定 （2024 年 6 月 28 日）	第 4 回交付決定 （2024 年 8 月 23 日）
石川県	6	17	47	74
新潟県	10	25	28	116
富山県	38	43	59	51
福井県	8	9	11	7
合計	62	94	145	248

	小規模事業者持続化補助金			
	第 1 次締切分 （2024 年 4 月 12 日）	第 2 次締切分 （2024 年 6 月 19 日）	第 3 次締切分 （2024 年 8 月 27 日）	第 4 次締切分 （2024 年 10 月 1 日）
石川県	54	225	241	103
新潟県	7	11	7	7
富山県	5	36	43	12
福井県	8	12	4	4
合計	74	284	295	126

注：「なりわい再建支援補助金」の交付決定日は、石川県発表分の日時となっている。
出所：「なりわい再建支援補助金」については、石川県、新潟県、富山県、福井県の各 HP データを、
　　　国商工会連合会 HP（https://www.shokokai.or.jp/jizokuka_r1h/noto/ichiran.html#saitaku

　のような状況にある能登地域では、事業再開を断念し廃業する事業者
が増加している。そのため、迅速な復旧活動と生業再建を目指し、事
業者の所得確保と雇用の維持を早期に進める必要がある。だが、生業
再建に向けた動きは、道半ばの状態となっており、ここでも遅れが目
立っている。
　そのようななか、地元企業や事業者が中心となって商店街の再開や
仮設工房建設の動きが進んでいる。七尾市では、一本杉通りで 8 月 16
日に仮設商店街がオープンし、さらに 2 か所目の整備が進んでいる。穴
水町でも 10 月 6 日に仮設商店街が 9 店舗の入居でオープンしたほか、
輪島市でも 11 月に仮設商店街が営業を始めている。また、珠洲市でも
仮設商店街の整備が計画されており、復興に向けた動きは着実に進ん

現在）

第5回交付決定 （2024年10月25日）	第6回交付決定 （2024年12月20日）
82	126
47	42
52	76
5	2
186	246

第5次締切分 （2024年11月18日）
135
6
29
4
174

「小規模事業者持続化補助金」については、全
アクセス日：2025年1月2日）より筆者作成。

でいる。

　これら地域における活力を生かし、さらに復興を加速されるためには、地域内で多くの事業者が生業の再建を果たすことが必要となっている。しかし、「なりわい再建支援補助金」、「小規模事業者持続化補助金」の採択状況は、当初低調に推移し、8月以降ようやく申請数と採択数が増加しつつある。表3-8は「なりわい再建支援補助金」、「小規模事業者持続化補助金」の採択状況を示している。これによると、2つの補助金については、石川県、新潟県、富山県、福井県で申請と採択が行われており、ここでも被害の広域性がうかがえる。また、交付決定日をみると、「小規模事業者持続化補助金」の採択件数は、第2次、第3次で山を迎えているが、「なりわい再建支援補助金」については、石川県で12月20日の交付決定が最も多くなっている。第1回から第3回までの交付については、採択件数が伸び悩んでいることにくわえ、能登地域からの申請が低調であり、金沢市などに本拠を置く企業が中心となっている。このことは、8月に実施しヒアリング調査からも判明しており、8月時点での申請状況を商工会議所や地域金融機関で尋ねたところ、「なりわい再建支援補助金」で七尾市が申請30件、採択1件、輪島市で相談件数40件、珠洲市で相談件数100件、採択1件と、申請から採択までにかなりの時間を要していた。その要因は複数あり、申

請・採択窓口が金沢市にしかなく、申請に不備があると書類が差し戻され複数回のやり取りが必要となっていたこと、のと里山空港にある相談窓口は、支援パッケージを紹介するための窓口であり、申請書の作成支援などは十分に行われていないこと、申請には相見積が必要であり、相見積を引き受けてくれる事業者を探すことが困難であったことが挙げられる。申請手続き支援については、地域金融機関である興能信用金庫などが行っているものの、手続きの煩雑さや申請書類の多さによって、申請を断念する事業者も少なくなかった。事業再建の遅れは、地域産業、雇用、住民生活に直接的な打撃を与える。持続的な地域経済構築のためにも生活再建と生業再建は、時間との勝負という段階に差し掛かっている。

5 「惨事便乗型復興」と先行する復興計画

能登半島に位置する各自治体では、復旧活動と並行して復興計画の策定が進められ、12月末時点ですべての自治体から最終の復興計画案が公表され、2025年1月10日現在、パブリックコメントが募集されている。この復興計画には共通する項目がある。それはDX（デジタルトランスフォーメーション）の推進を復興計画の柱の1つと位置づけている点である。例えば、輪島市の復興計画案では、「3−2　地域の自立と持続可能性を支えるまちづくりの推進」のなかで「デジタル技術の活用」が盛り込まれており、DX、行政手続きのデジタル化、キャッシュレス化の推進が示されている（輪島市企画振興復興推進課2024）。また、珠洲市の復興計画案では、防災DX、マイナンバーカードの活用、SNSの活用、スマート農業の推進といったことばが並んでいる。この他、能登町、穴水町、七尾市の復興計画案においても同様にDX推進などの文言が並ぶ。どの復興計画案をみても、各自治体の個性が反映され

農業や地場産業の復興、生活の再建が柱として位置づけられているが、なぜDXやデジタル化の推進のみ同様の傾向がみられるのであろうか。

　この復興計画案作成にあたっては、各自治体ともに地元住民、事業者、外部有識者からなる委員会を設置し検討と作成が行われている。この委員会やアドバイザーの構成メンバーをみると、例外なく大手コンサルタント会社が名前を連ねている。例えば、輪島市では、中小企業基盤整備機構、UR都市再生機構、珠洲市ではNTTデータ経営研究所、穴水町では野村総研、能登町では日本工営（ID&E）が正式な委員として、あるいはアドバイザーとして復興計画策定に参画しているのである。しかも、輪島市復興まちづくり計画検討委員会のメンバーには、輪島市商工会議所会頭、門前町商工会会長が含まれているが、地域金融機関や地元事業者の名前はない。珠洲市復興計画策定委員会有識者会議の登壇者には、地球環境戦略研究機関（IGES）やNTTデータ経営研究所が名を連ねているが、珠洲商工会議所会頭の名前は、復興計画策定委員会にも有識者会議にもない。このほか、石川県の復興計画策定に関するアドバイザーボード委員には、LINEヤフーが名前を連ねている。このように、どの自治体の復興計画策定プロセスにも、大手企業が参画している。これに対して、地元経済や事業者の状況を熟知している地域金融機関が復興計画策定に参画しているケースは少なく、能登町で地域金融機関として興能信用金庫が、七尾市で地域金融機関としてのと共栄信用金庫が参画しているのみである。また、復興計画案の策定を急ぐあまり、地元事業者や地元住民が積極的に発言を行う機会が十分確保されたとは言い難い。普及活動や仮設住宅の建設、入居が遅れ、生活再建から生業再建への動きが不十分ななかで、復興計画案の策定が行われている。

　くわえて、石川県令和6（2024）年能登半島地震復旧・復興本部会議において知事が示した「地域の強靭化と国防を一体的に考えていく」

との発言も見逃せない。この発言の背後には、アジア・太平洋地域における安全保障環境の緊迫化[9]があると考えられ、能登地域における陸上自衛隊輪島駐屯地やレーダー施設、のと里山空港の機能強化が視野にあると思われ、石川県の復興計画にもその内容が記載されている（石川県能登半島地震復旧・復興推進部創造的復興推進課 2024）。地元住民や地元事業者が積極的に発言し活躍できる平和な社会があってこそ、住民の安全・安心が保障され、地域の事業者はその力を地域内で十二分に発揮できる。復興計画案の策定、そして具体的な施策を「惨事便乗型」にしないためにも、長期的な視点で被災地域に寄り添っていく姿勢が必要となっている。

6　地域に寄り添った復旧・復興に向けて

　本章では、ここまで能登半島地震からの復旧・復興活動を地域経済の視点から検討し、被害の実態と復旧状況の現状分析を進めた。阪神淡路大震災、東日本大震災、熊本地震などの大規模災害に比べ、能登半島地震、その後の奥能登豪雨における復旧活動には遅れが目立ち、生活再建から生業再建への流れが、発災後 1 年が経過した現段階においても十分に描かれておらず、能登地域の人口減少が進んでいる。能登半島地震における復旧活動では、人員、事業者、予算規模が圧倒的に不足しており、現状に即した十分な対応が今後もさらに必要となっている。くわえて、現地調査で明らかとなったことは、各行政間、地域の経済支援団体、住民間における連携の不備である。生業再建においては、商工会議所、商工会、地域金融機関、行政との連携が大きく不足しており、復興計画案の策定にあたっては、地元事業者、住民、各種支援団体の参画が不十分である。それが地域の復興計画案における産業振興計画の不十分さに現れていると考えられる。これに対して、ど

の自治体の復興計画案策定にも大手コンサルタント会社が関与しており、復興とDX、安全保障を結びつけるような動きすらみられる。そのようななかでも、仮設商店街の開設に代表される生業再建が地元企業や事業者を中心に進められ、地域の復興に向けた息吹が芽生え始めようとしている。

今、能登半島地震に関する報道はますます少なくなっている。中期的な視野で行われるこれからの復旧・復興を「惨事便乗型」にしないためにも、地元住民、地元事業者に寄り添い、地域内外から状況をつぶさに見守っていくことが求められている。

注

1　2024年（令和6）年12月26日の石川県知事記者会見については以下のリンクを参照している（https://www.pref.ishikawa.lg.jp/chiji/kisya/r6_12_26/1.html アクセス日：2025年1月6日）。

2　ここで言う「地域経済の視点」とは、地域経済・社会を支える住民、農家、中小企業・小規模事業者、そして地域の基幹産業に着目することであり、生活再建から生業再建の実態を把握することに軸足を置いた視点のことを指す。

3　能登半島における現地調査は、2024年8月5日から7日、8月19日から21日までの計6日間行い。七尾市、穴水町、能登町、輪島市、珠洲市でヒアリング調査を行った。また、調査は、京都橘大学経済学部の岡田知弘教授とともに行った。

4　「能登半島地震合同シンポジウム」は、2024年9月29日に自治労連会館で行われ、自治体問題研究所、自治労連・地方自治問題研究機構が主催している。

5　「惨事便乗型資本主義」とは、「壊滅的な出来事が発生した直後、災害処理をまたとない市場チャンスと捉え、公共領域にいっせいに群がる衝撃的行為」（ナオミ・クライン2012）のことを指す。

6　表3−1に記載できていないが、被害は福井県や長野県等にまで広がっており、内閣府防災情報からその実態がうかがえる（https://www.bousai.go.jp/updates/r60101notojishin/r60101notojishin/index.html アクセス日：2025年1月6日）。

7　JAのと広報誌掲載の資料によると、2023年度の契約数量が約4703トンにな

のに対して、2024 年度の契約数量は約 2964 トンとなっている（JA のと 2023、2024）。

8　2024 年 10 月 6 日の知事記者会見では、奥能登豪雨による農地の冠水面積は、950 ヘクタールに達しているとの報告が行われている。これは、2023 年度の水稲作付面積 2800 ヘクタールの約 3 分 1 に相当する。

9　アジア・太平洋地域における安全保障環境の緊迫化については、小山（2023）を参照されたい。

参考文献

・石川県能登半島地震復旧・復興推進部創造的復興推進課（2024）『石川県創造的復興プラン』51-52 頁（https://www.pref.ishikawa.lg.jp/fukkyuufukkou/souzoutekifukkousuishin/fukkouplan.html アクセス日：2025 年 1 月 9 日）。

・岡田知弘（2020）『地域づくりの経済学入門―地域内再投資力論―［増補改訂版］』自治体研究社、172-173 頁。

・小山大介（2023）「第 2 章インド・太平洋地域における安全保障と経済秩序」井藤聰・川瀬光義・小山大介他著『国家安全保障と地方自治―「安保三文書」の具体化ですすむ大軍拡政策―』自治体研究社、39-70 頁。

・小山大介（2025）「能登半島地震、被災地の復旧・復興をめざして―課題とあるべき方向性―」『デジタル自治と分権』第 96 号、自治労連・地方自治問題研究機構、14 頁。

・珠洲市（2024）『復興計画（案）』4 頁（https://www.city.suzu.lg.jp/site/r6-notohantou/19975.html アクセス日：2025 年 1 月 9 日）。

・ナオミ・クライン著、幾島幸子・村上由見子訳（2012）『ショック・ドクトリン―惨事便乗型資本主義の正体を暴く―（上）』岩波書店 5-6 頁。

・村田武（2024）「地震、豪雨…募る苦悩　被害者支援の奔走する JA のと」『農業協同組合新聞』2024 年 12 月 15 日付。

・JA のと本店総務部総務課（2023）『まあんで能登』2023 年 11 月号、アクセス金沢、9 頁。

・JA のと本店総務部総務課（2024）『まあんで能登』2023 年 11 月号、アクセス金沢、10 頁。

・輪島市企画振興復興推進課（2024）『輪島市復興まちづくり計画』49 頁（https://www.city.wajima.ishikawa.jp/docs/2013040200024/ アクセス日：2025 年 1 月 9 日）。

第4章

震災時の医療、介護の実際と課題

柳沢深志

2024年1月1日発災の令和6年能登半島地震から1年を迎えた。

復興計画のおおよその方向性は、行政単位でも震災から1〜2年のうちに概要が決まる。

被災地からかなり離れた金沢市の一民間病院に勤務する内科医として限界を感じながらも、現時点の概要を列挙し、民医連（全日本民主医療機関連合会）という医療介護の事業体であり運動団体の一員としての有利な点も生かし、とくに医療や介護分野での実態と復旧復興に向けた課題を整理する。

なお、この間に開催された各種報告会や、石川県ホームページ、学会論文、報道を資料として論考した。

1　地震の特徴と医療介護に及ぼした影響・被害

1　甚大な被害をもたらした地震の規模と被害

2024年1月31日午後2時時点で、石川県によると地震の死者は238名、うち15名が災害関連死（以後関連死とする）とみられ、関連死を除く222名について医師が判断した死因がまとめられている（**表4-1**）。

表4-1 能登半島地震で亡くなった人の死因 （暫定値）

死　因	人　数
圧死	92名
窒息・呼吸不全	49名
低体温症・凍死	32名
外傷性ショック等	28名
焼死	3名
クラッシュ症候群・心臓死等	6名
不詳	12名
計	222名

注：クラッシュ症候群＝圧挫症候群。瓦礫や重量物に長時間
　　挟まれて筋肉が壊死して、毒性物質が血流に乗って臓器
　　にダメージを与える致命的状態。
出所：石川県発表、2024年1月31日午後2時より筆者作成。

圧死92名、窒息・呼吸不全49名、低体温症・凍死32名、外傷性ショック等28名、焼死3名、クラッシュ症候群・心臓死など6名、不詳12名、溺死0名。公表されている死亡背景は、家屋倒壊、土砂災害がほとんどで、一部、津波、火災である。

　その後の死者、負傷者数については、震災による死者数は、石川県で483名（直接死228名、関連死255名）、その他新潟県で4名、富山県で2名の死者はいずれも関連死。負傷者は、石川県で1739名、うち重症は378名（2024年12月24日、消防庁災害対策本部）。

　2024年9月21日からの大雨による死者数は石川県では1名。負傷者47名（2024年12月24日、消防庁応急対策室）。

　関連死について、石川県によると、2024年1月14日＝13名、2月1日＝15名、3月1日＝15名、4月1日＝15名と増えていないが、審査が進むにつれ、7月1日＝52名、9月1日＝110名、11月1日＝181名、12月27日＝270名と直接死を上回った。

　2016年熊本地震では、直接死・行方不明約50名に対し、関連死約230名とされている。

関連死が直接死を上回る被害者数となっているが、市町ごとに直接死、関連死の比率はかなり異なった。12月27日時点の県の公表値は次である。輪島市（直接死：関連死／101名：80名）、珠洲市（97：54）、能登町（2：49）、穴水町（20：22）、七尾市（5：37）、志賀町（2：17）。

　人口当たり直接死比率は、輪島市0.44％、珠洲市0.77％、穴水町0.27％、能登町0.01％、七尾市0.01％、志賀町0.01％だが、人口当たり関連死比率は、輪島市0.35％、珠洲市0.43％、穴水町0.30％、能登町0.32％と奥能登4市町ではあまり差異はない。また、七尾市、0.08％、志賀町0.09％であった。実際の避難者数は統計的に分からないため、公表されている家屋被害数で関連死数を除したが、奥能登4市町は、0.66〜0.97％、七尾市、志賀町はそれぞれ0.22％、0.23％で、人口当たりの関連死比率とは相違はなかった。市町による関連死数の相違についてはさらなる調査が求められるが、直接死が極端に多い輪島市、珠洲市に比べても、能登町、穴水町で関連死が同等に多かったことは重要である。

　いしかわ自治体問題研究所の杉本満氏は、2024年12月27日現在、関連死と認定された270名について、公表されているデータを基にその概要をまとめている（表4−2）。年代は、60代7名、70代16名、80代50名、90代以上45名と、80代以上の高齢者が8割を占める。性差はない。死亡場所は、避難所36名、介護施設・福祉施設など38名、自宅18名、車庫泊・車中泊・ビニールハウスなど14名。死因は肺炎など呼吸系疾患が43名、心筋梗塞など循環器系36名、その他、新型コロナウイルス感染症、敗血症などの感染症、低体温症、溺水なども見られた。公表されていないが2名が自殺との報道もある。

　背景因子として、被災によるショック、ストレス。避難所の劣悪な環境が上げられる。病院、介護施設の甚大な被害による機能低下のみならず、2次避難所や自主避難による環境変化や移動そのものも指摘

表4-2 能登半島地震関連死の概要

年代	人数	因果関連場所 （複数選択）	件	死因 （複数選択）	件	性別	人数
60代	7名	避難所	36	循環器	36	男	60名
70代	16名	福祉施設	38	呼吸器	43	女	56名
80代	50名	自宅	18	コロナ・	11	未公開	3名
90代	45名	車中泊他	13	インフルエンザ			
未公開	1名	病院	10	体力低下	17		
		親族宅	7	その他	17		
		ビニールハウス	1	不明	1		
		不明	10				
計	119名		133		125		119名

原注：能登半島地震2024災害関連死公表データ集計（石川県）。2024年12月27日現在。
出所：『いしかわ住民と自治』通巻233号、2025年1月20日、いしかわ自治体問題研究所。

されている。

　また、5月には仮設住宅入居者の持病の悪化による孤独死も報道されている。

2　高齢化と過疎の進行、脆弱な医療体制

　統計的には、能登北部地域の診療所数は、県内平均、全国平均と比べ差異はない。しかし、医師数は、2020年データで人口10万人当たり179人と、全国平均307人を大きく下回っている。高度の高齢化と過疎化が同時に進行する地域で、医療介護体制の脆弱さを背景として起こった地震災害である。

3　発災と同時に医療機関の機能不全、交通網の遮断による広域避難、患者、住民移送

　石川県は広域避難を方針としたが、それに耐えられる被災地以外の医療介護体制が脆弱だったために　金沢以南の医療崩壊が容易に起こったことが挙げられる。同時に、これまでに石川県内では経験のない

広域避難ではあったが、県の対策本部、市町との連携体制が広域避難を実行するに耐えられる組織連携があったのかが問われる。

4　劣悪な避難所環境問題

　今回の震災でも避難所の劣悪な環境問題は多数発生し、住環境、食料と水の確保、トイレの課題などが、身体的・精神的負荷として健康問題、関連死と結びついた。避難において災害弱者に手厚い対策はされたか、とくに高齢者、認知症患者、障がい者、性的マイノリティ、ジェンダー等検証課題は多い。避難所ではほとんどの炊き出しやトイレの清掃など、いわゆる家事労働的な作業の多くを女性が担ったと報道されている。

2　急性期の石川県の対応の概要

　発災から1週間ほどの急性期の医療の特徴は、①被災地医療機関が停電、断水、職員の被災等で拠点病院としての機能の喪失もしくは低下。中能登の基幹病院も断水により約3か月に渡り機能が低下したこと。②陸路、海路での医療支援者の移動や患者移送が不能、もしくは著しく低下したこと。③そのため金沢以南もしくは県外への広域避難が超急性期から必要に迫られたことといえる。

　発災直後2024年1月1日16：30には、石川県庁に石川県DMAT（災害派遣医療チーム：Disaster Medical Assistance Team）調整本部が設置され、1月2日には石川県対策本部の元、石川県保健医療福祉調整本部が設置され、統括DMATのみならず、医師会、看護協会、DPAT（災害派遣精神医療チーム：Disaster Psychiatric Assistance Team）など、各支援関係機関が参加している。事実上、保健医療福祉の対策本部として早期から機能している。DMATは地震の本質と活動目的として、

第4章　震災時の医療、介護の実際と課題　95

以下掲げている。

　災害の本質として、①甚大な被害のある地域の孤立（外傷・透析など要医療者の医療アクセス困難、病院、社会福祉施設、避難所における、水・食料・暖房など環境改善の遅延、支援者の環境確保困難による支援の制限）、②高齢化率の高い地域の被災（防ぎ得る死亡だけでなく悲劇の低減が課題、復興の目標設定が困難）とし、活動目的としては、病院・社会福祉施設・避難所の③患者、入所者、住民の医療提供継続・医療アクセス確保—要緊急医療者の初期診療、搬送、⑤最低限環境確保と緊急避難搬送—飲料水、食料、暖房環境確保と生活に耐えられない方の広域避難搬送、⑥継続可能な保健医療福祉体制の確立—能登、石川中央、南加賀の病院・社会福祉施設、診療所機能支援、⑥地域の保健医療福祉体制の復旧。

　県内災害拠点病院を中心とした医療機関、とくに、被災地でもある公立能登総合病院、石川中央に位置する石川県立中央病院にDMAT活動拠点が設置され、これらの医療機関のみならず、多数の保健医療福祉チームが活動を行った。

3　被災地医療の実情

1　「珠洲市総合病院」の報告から

　珠洲市総合病院は、病床数163床（急性期104床、地域包括ケア病棟52床、結核7床）で、災害拠点病院、へき地医療拠点病院、常勤医師15名、常勤看護師125名。

　今回の地震では建物の損傷がなく、入院患者、勤務職員にけがはなく、非常電源も使用可能であったが、断水のため、透析、内視鏡、手術は対応不能であった。発生から12分後には災害対策本部設置も、大津波警報と道路事情から参集できた職員は30名だった。1月1日には

12名入院、1月2日には27名入院。DMAT隊員の支援も1月2日から受け入れ、院内診療に従事。しかし、参集可能職員の減少、入院患者数の増加、調理師や食料不足により運用病床数の縮小が必要となった。1月22～31日の職員対象のアンケートでは、避難所、病院、友人・親せき宅で生活している職員が40％以上に上り、困っていることとして、生活関連98.5％、住宅60.5％、仕事関連47.0％、心理的負担46.5％、経済的負担38.0％と答えている。

2　「ごちゃまるクリニック」の報告から

　「ごちゃまるクリニック」の小浦友行院長は開設1年余りで今回の震災を迎えた。家庭医療外来、訪問診療・看護・リハビリテーションによる在宅ケア、社会的処方箋と言われる地域共生社会支援活動を3つの柱としていた。発災によりクリニックは使用不能、当日から避難所訪問を開始、1月3日、DMAT隊が輪島に到着すると、避難所対応は引き継ぎ、徐々にクリニックの診療を再開した。1月下旬からは、大規模な2次避難が開始されたが、被災地診療オンラインシステムの導入で、広域避難した患者と主治医とが連絡を取れることの重要性も指摘している。

　復興後の地域ケアに関して、同院院長が、①被災地住民のウェルビーイング低下、②地域資源の急速な喪失、③仮設住宅ケアの発生、の3つを課題として掲げていることは重要である。また介護施設の復旧が遅れていることも指摘している。さらに9月の水害で二重被災し、同院も再度甚大な被害を受け、この2度目の災害の負の影響を重視している。被災地で暮らすわれわれにとって、支援は単なる人手というわけではなく、未来に対する希望そのものであるとまとめている。

第4章　震災時の医療、介護の実際と課題　97

3 「輪島診療所」の報告から

　「輪島診療所」の山本悟所長の報告。幸い、建物に大きな被害はなく、断水はしていたが1月3日には電気が開通し、1月4日には診療が開始できたが、職員の多くは避難所生活であった。避難所訪問をするが環境は劣悪、市立輪島病院も医師6名と看護師10名、スタッフ5名が連続3日不眠不休で対応、100名を超える患者が押し寄せ、治療が終わっても帰る場所がなく、病院が避難所のようになっていた。介護はさらに深刻、一部の福祉避難所は開いていても暖房も食料も不十分で、搬送を待つしかない。職員は交代がいなくて数日間連日勤務の人もいた。

　このようななか、輪島診療所の通所・訪問介護・小規模多機能事業所の職員が力を合わせ、震災後長期入浴できていない通所介護利用者の入浴のために行政に相談、自衛隊の入浴支援風呂を使用して被災者の入浴を行うという取り組みも工夫して実施された。

　4月以降、被災地に仮設住宅も本格的に建ち始め、5月7日には、輪島診療所の職員らが、仮設住宅での健康チェック、相談を始めている。

　また、診療所の医療介護活動は震災後大きな需要減となった。外来患者数は、2023年12月に1081名、2024年1月941名（うち59%は処方箋発行のみ）、2月681名、7月でも986名。訪問診療は、2023年12月24件、2024年1月2件、7月でも4件である。

　しかし、この1年間の減益は多額に上る。2024年1月は、単月で1250万円の経常赤字。以後毎月赤字決算で、10月ようやく単月黒字を計上したが、年間赤字額は数千万円に及ぶと予想される。

4　その他の報道

　2024年12月14日、『共同通信』報道。能登半島地震で甚大な被害を受けた奥能登地域2市2町で、28あった民間の医療機関のうち、7

割以上が休診や診療時間を短縮するなど、地震前の体制に戻っていないことが14日、能登北部医師会などへの取材で分かった。地域のコミュニティ維持に欠かせない存在でありながら、被災から1年近くたっても苦境が続く実態が浮かんだ。

被災地医療機関の患者数減少と経営状態は深刻である。2024年12月29日、『朝日新聞』報道によると、急激な人口減少により、病院の財政難が深刻化している。輪島病院事務部長の河崎国幸さんは、介護施設の入所者がほとんど被災地の外に搬送され、「入院が必要な人がいなくなってしまった」と説明する。施設の復旧が進まないことで、被災地の外に避難した高齢者が戻りづらく、病院への影響も長期化しているという。今年度は約5億円の赤字を見込んでいる。

2025年1月8日付『北國新聞』でも、能登半島地震から1年が経過した奥能登地域で、病床が大きく減っていることが報道された。地震前には公立と民間合わせて570床以上あったが、150床以上減少した。関係者は「経営に直結する。このままでは地域医療が成り立たない」と。163床の珠洲市総合病院は1月以降、115床にベッド削減する。石井和公事務局長は「退職者が止まらず、維持できる病床が減っている。赤字は確実」。医師会によると、地震で柳田温泉病院の他に6診療所が準半壊以上の被害を受けた。1診療所が機器の損壊などを理由に廃業、柳田温泉病院と1診療所が診療を休止している。9月の豪雨では、4診療所が床上や床下浸水した。奥能登では産婦人科医の確保が難しいことなどから、分娩が再開できていない。

4　金沢以南の医療状況

被災地での医療は、医療機関自体の損傷、人的不足、停電や断水、物資、食料不足を背景に診療継続能力の著しい低下をきたした。DMAT

や県本部の判断もあり、2024年1月4日までの要医療者、要介護入所者等の広域搬送が実施されていったが、それ以降も被災地医療機関を支援し続けても限界があるとの判断で、1月半ばまでに非被災地、具体的には金沢市以南や県外への移動を進める方針となった。

　しかし、筆者が勤める城北病院でもそうであったが、2023年12月末からの新型コロナウイルス感染症第11波とも呼ばれる感染拡大と時期も相まって、年末には300床の病床の内、60床ほどあった空床も、2024年1月4日、新年の診療開始時にはほぼ満床状態であった。金沢のある公立病院では看護師不足等で一病棟が休床となっていたが、全国から看護師支援を受けるなどしてオープン。しかし被災者が移動してくる中、医療需要は増大し、容易に医療体制がひっ迫した。1月30日付、県内各紙は一斉に報道している。「金沢の病院　医療逼迫　能登や2次避難所から被災者　退院先なく介護施設化」（『北陸中日新聞』）、「県内の医療機関逼迫　被災者退院先決まらず　搬送10カ所以上断られ　県内医療機関ほぼ満床　金大ベッド絞り出している」（『北國新聞』）。

　石川県立中央病院は630床、医師205名、救急搬送年間5000台を受け入れる、石川県唯一の基幹災害拠点病院である。石川県立中央病院では発災直後に対策本部が立ち上がり、福祉医療介護対策本部及びDMAT本部からの要請はすべて受け入れる方針で対応している。Medical Check Center（MCC）機能を活用し、2024年1月1か月間で、救急搬送、MCCからの要請含め、898人の患者を受け入れた。岡田俊英院長は、今回の震災での状況や課題として、病院独自のBCP（事業継続計画）はほぼすべての病院で策定していたこと、病院が災害医療と平時の医療のバランスに苦慮したこと、情報が不足・錯綜するなか、各病院の判断で災害時の自院の機能・役割が決められたこと、個々の病院では災害状況は把握できるが、俯瞰的に地域医療（needとphase）

の現状を知ることができなかった点を挙げている。今後の病院間連携、総合した取り組みの必要性が課題と思われる。

　城北病院は、地域医療を中心として行う、300 病床の民間二次救急医療機関である。県内の民間病院は、地域災害拠点病院には指定されていないため、県や行政からの情報、指示等は今回の震災でも極めて不十分であった。そのような中、2024 年 1 月 1 日発災以降、多くの被災者の診療にあたっている。1.5 次避難所避難者の DMAT 隊からの受診、入院要請もあったが、2 次避難者や自主避難者の受診、とくに、感染症、フレイル、持病の悪化での受診が多くみられた。1 月中旬からの金沢以南の医療逼迫状況のなか、病床は満床状態で診療を支える職員も相対的に不足し、加盟する全日本民医連に支援要請した。医師は 5 月まで 1 週間単位で 35 名、看護師も同様に 6 月まで、92 名受け入れ、救急外来や病棟支援を受けたことで診療に大いに助けとなった。

　城北病院では、2024 年 1 月より被災者受診者数を把握するようにした。1 月 157 名、2 月 90 名、3 月 40 名と徐々に減少し、6 月までに 347 名であった。避難場所は、自宅 41 名、避難所 44 名、なかでも家族親戚宅 101 名と、いわゆる自主避難者が 3 割ほどを占めたことは一つの特徴である。被災地以外の医療機関の受診動向の一端を示している。

5　広域避難の実態

　数万人に上る高齢者を中心とする被災地住民、患者、介護利用者が、金沢以南に移動した。当然医療、介護ニーズが高まり、通常の医療・介護体制の余力がほとんどないなかで、いとも容易に医療・介護崩壊をきたした。

　このようななか、一つの施策として、1.5 次避難所が開設された。

　県の医療福祉対策本部に派遣された安間圭一氏によると、以下、経

第 4 章　震災時の医療、介護の実際と課題　　101

緯が分かる。

倒壊により場の安全確保ができない2病院、診療機能を超越した患者や社会福祉施設で生活に耐えられない入所者に対して、広域搬送を実施、石川県立中央病院内 MCC に集約後、金沢以南の病院に分散搬送。一方 MCC で入院不要と判断された場合、COVID-19 対応で札幌市などに設置された「入院待機ステーション」を参考に、「いっとき待機ステーション」を設置し、そこを拠点に搬送を行った。避難搬送は、2024 年 1 月 18 日に完了。最終的に、病院から約 1000 名、社会福祉施設から 1200 名が避難した。1 月 18 日以降、能登北部の 4 病院では、合計の病床数が発災前の 535 床から、115 床へ、七尾市の 2 病院も 754 床から 600 床に縮小しており、金沢以南へのさらなる傷病者流入が懸念された。一方、金沢以南の医療機関や社会福祉施設は、避難により軒並み満床となり、急性期病院から退院が可能であっても転出先がない患者が 700 名ほどいたと述べている。

この「いっとき待機ステーション」、のちに 1.5 次避難所と呼ばれた。退院調整は、ケアマネジャー協会が担当、医療は DMAT を中心に行われた。

緊急避難搬送の受け入れ先としての機能をもつ避難所で、当初は短期間の滞在を前提としていたが、後に長期滞在が実質的に許容され、避難所の環境を定めた「スフィア基準」に照らしてどうなのか、検証が必要である。

また、どこの避難所でも共通に課題となった感染症、とくに、この時期の震災前からの爆発的な COVID-19 感染症の広がり、ノロウイルス感染症患者の急増、フレイルなども医療切迫を助長した。

2024 年 12 月 27 日時点の県の公表では、避難者数 28 名、内、1 次避難所 14 名、1.5 次避難所 0 名、2 次避難所 0 名、広域避難所 14 名となっている。しかし、2025 年 1 月 1 日『北國新聞』の報道によると、県

や市町への取材で、仮設住宅入居者は1万2092人、民間賃貸住宅を行政が借り上げる「みなし仮設」の入居者は、12月20日時点で、7407人。これに、親せき宅などを頼って避難している人などは自治体も把握できておらず、仮住まいや避難で2万人を超えるとされている。

被災地を離れ、2次避難、自主避難している方々の抱える課題は、多くの要素が複合的に存在し、被災地の仮設住宅や自宅避難者とは別に視点をあてた対応が求められる。

また、自主避難では、それまで同居していなかった家族との生活でのストレスも多い。

遠方避難者に対する支援、援助、民間、行政含め、広く情報を共有しながら取り組むことが迫られている。

6　介護分野

急性期の被災地の介護施設は壊滅的な損害を被り、ほとんどすべてが存続不能となった。このようななか、急性期の患者移送はやむなく実施された側面もあり、一概に評価はできないが、患者移送には本人の同意が不十分だったこと、移送の諸情報が家族にも告げられていなかったなど、人権上課題となる問題も多発したことは事実である。

2024年4月以降、ようやく介護施設の再開が始まるが、これは多くが断水の解消による。城北病院に長期入院となっていた珠洲からの高齢避難者は、震災当時、珠洲市の特別養護老人ホームに入所していた。津波の被害をうけ、金沢市の1.5次避難所に避難、傷病のために入院していたが、ようやく病状も安定し5月15日退院となった。自家用の救急車を利用し3時間かけて移送、当該特養は館内に要注意の黄色い紙が貼られているなか、職員が笑顔で迎えてくれた。

5月27日時点で、能登北部4市町の約40の介護施設の内、15施設

が閉鎖中であった。

　被災地以外の県内介護福祉施設には、広域避難に伴い多くの要介護者が移送された。

　民医連に加盟する金沢市のやすらぎホーム、なんぶやすらぎホーム、居宅・包括支援センターには発災直後より被災者からの相談が多数あり、ある方は能登から親を金沢へ避難させたが、自宅でみることが難しく、金沢市に問い合わせるものの、ホームページにある施設一覧から自分で探してほしいと言われたとの話もあった。2024年1月9日、石川県長寿福祉課より、原則として定員の5%程度の受け入れ依頼あり、「非常事態であるとの認識を持っていただき、平時の対応ではなく、柔軟な対応をお願いします」とのことだった。1月14日には加えて、さらに定員の5%程度を追加しての受け入れ要請あり、これに応えている。当然、従来の施設スタッフで対応しているが、県からは、応援職員が必要な場合は申請もできるとの連絡があったとのこと。

　発災後の混乱で、氏名・性別・介護度の情報だけで受け入れたある利用者は、自衛隊の車両と担架で搬送され入居。後日家族に電話をすると、行先は知らされていなかったとのことだった。

　施設での被災者受け入れについて、制度が複雑で手続きが煩雑、ショートステイの利用限度を超えての利用料請求はどうなるのか、補足給付の取り扱いはどうなるのかなど、多くの混乱が発生した。県や被災地自治体に問い合わせるも、自治体職員の絶対的不足の中で対応も不十分であった。

　また、被災者の受け入れ対応は急務だが、金沢に住む高齢者が本人・家族の望む介護保険サービスを使えなくなっていることも事実で、現場の実態を行政が汲み取り、柔軟に対応してほしいと要望している。

7　各医療団体の活動

　石川県医療福祉対策本部のもと、多くの医療団体、職能団体が支援活動に取り組んだが、民間の医療・介護団体、NPO はじめ、自主的な支援活動も行われた。

　DMAT は発災より石川県対策本部内で、統括 DMAT として活動、長期に渡る傷病者搬送、入院患者避難、病院支援、避難所・高齢者施設の調査等、さまざまな支援を行い、合計 1139 チームが全国から派遣された。

　石川県医師会災害対策本部のもとに石川県 JMAT（日本医師会災害医療チーム）調整本部が設置され、本部長を務めた斎藤典才氏の報告では、JMAT 隊は、奥能登、中能登の開業医、避難所を診療支援したばかりでなく、金沢市以南の 2 次避難所や、1.5 次避難所への巡回診療など、自主的に、その後は行政と連携しながら取り組んだとのことである。Facility Assessments Integration System（JMAT 施設評価統合システム）を活用して、避難所をつぶさに把握し、支援を続けた教訓もあったとのこと。

　JMAT 調整本部では、活動指針として、①被災地医療機関の診療支援、②被災地医師と協働しながら、施設や避難所の巡視、③地域行政と連携し、避難所支援や調査、被災地病院の診療支援を掲げている。理由として、被災地医療機関が再び診療を行い、施設や避難所の巡回診療をしてくれなければ、その地域の暮らしが取り戻せない、と復旧復興後の医療介護福祉を支える医療機関のありようを見据えている。JMAT 隊は、5 月 31 日で能登派遣を終了しているが、5 か月間で穴水総合病院、能登総合病院の診療支援を含め 1097 チーム、3583 人が支援派遣されている。これは熊本地震での 3.5 か月間の、568 チー

ム、2556 人を上回っている。

　石川民医連は、病院、診療所、介護事業所、薬局などが加盟する医療
介護団体で全日本民医連に加盟している。発災当日には対策本部を設
置、全日本民医連とも連携し主として被災地事業所支援、非被災地で
の医療・介護ひっ迫への対応、職員のメンタルケア、全国からの支援者
受け入れ調整、義援金の受け入れなどを行った。2024 年 1 月 4 日には
全日本民医連の災害対策チーム（MMAT：Min-Iren Medical Assistance
Team）が金沢入りし、1 月 6 日には輪島視察と支援を実施している。

　加盟する羽咋市の羽咋診療所地域でも液状化等による被害があり、
地域住民団体と協力して被災者支援を行った。金沢市粟ヶ崎地域や隣
接する内灘町でも液状化による甚大な被害があり、訪問行動を行って
いる。小松みなみ診療所では、2 次避難所が近隣温泉街に開設され、多
くの被災者が移動、地域の医療需要が逼迫したため全国支援による医
師派遣を行っている。

　共同組織と呼ばれる地域住民組織と協力し、全国から 356 人の支援
も受けながら、2 月 26 日〜4 月末に 3153 件の輪島を中心とする地域訪
問を行い、967 名の被災者と対話、被災状況や生活、医療・介護の要
望をお聞きした。

　10 月 28 日〜11 月 27 日にも水害後の 2 回目の地域訪問を実施、約
1625 件訪問し、473 名の被災者の声をお聞きし、現在要望としてまと
める作業を行っている。一例だが、聞き取ったアンケートからは、体
調があまり良くない 12％、とても悪い 1％、食事・睡眠がとれていな
い 5％、定期通院ができていない 3％ との健康に関する状況が明らか
になった。

　9 月 21 日に発生した豪雨被害に対しては、9 月 23 日〜10 月 11 日ま
で全日本民医連に支援を要請し、地域の要望に応え、水害被害にあっ
た住居の泥だしや家財の運び出しに全国から 330 名が参加し協力した。

石川県保険医協会は地域医療をになう開業医を中心とする医療団体であるが、被災地会員の訪問や、医療に関する要望を県にあげる等、積極的な震災支援行動を行った。

8　医療費・介護利用料をめぐる課題

　発災直後より、医療および介護をめぐる利用について厚生労働省から相次いで事務連絡が発せられた。

　保険証なしでも受診可能に─「令和6年能登半島地震にかかる災害の被災者に係る被保険者証等の提示等について」（2024年1月1日、保険局医療課事務連絡）。

　保険料、一部負担金の減免─「災害により被災した被保険者に係る一部負担金等及び健康保険料の取扱い等について」（2024年1月2日付、保険局保険課事務連絡）。

　後期高齢者の保険料、一部負担金の減免─「令和6年能登半島地震に伴う災害による後期高齢者医療制度の一部負担金及び保険料の取扱いについて」（2024年1月1日付、保険局高齢者医療課事務連絡）。

　その他、マイナンバーカードがなくても資格確認等可能に、処方箋なしでも薬局で処方可能になるなど、被災者に対する便宜が図られた。

　介護保険についても、利用者負担の減免や介護保険施設等の定員超過利用について、被保険者証の提示がなくても介護サービスが利用できることが、国から県と自治体に周知されている。

　その後、被用者保険では徐々に免除が終了しつつある。

　当初、医療費については、2024年1月1日付で、厚生労働省より、各地方厚生局、都道府県に通知が来たが、期限は、2024年4月までとなっていた。以下、多くの被災者や、運動団体も期限の延期を要望していたが、その経過である。

第4章　震災時の医療、介護の実際と課題　　107

2024 年 3 月 1 日付事務連絡で、2024 年 9 月末まで延長された。

2024 年 9 月 26 日付事務連絡で、2024 年 12 月末まで延長された。

2024 年 12 月 13 日付事務連絡で、2025 年 6 月末まで延長された。

ただし、原則として保険者から交付された一部負担金等の猶予・免除証明書を提示した者のみ、窓口での一部負担金等の支払いを猶予することとある。

厚生労働大臣は、2024 年 12 月 13 日閣議後の記者会見で、自宅が全壊や半壊したり廃業したりした人などの、医療費の窓口負担や介護サービス、障害福祉サービス利用料の全額免除を、2025 年 6 月まで半年間延長することを明らかにした。

石川県のホームページには、2024 年 12 月 25 日付の厚生労働省名のチラシが掲載され、「免除証明書の提示により、医療機関等での支払いが不要になります」と、「原則として猶予（免除）証明書を提示することにより」とある。同様の医療機関向けのチラシも同日付である。

その後、県医師会からの通知が、2024 年 12 月 27 日、各施設長宛に届き、「免除証明書の交付・周知期間が短く、所持せずに医療機関を受診する方がおられることも想定されることから、（2025 年）2 月末までは免除証明書を提示できない場合であってもこれまでどおり対応を」という内容であった。本来、県が発するべき内容である。

これまで石川民医連は、2024 年 7 月 24 日に、一部負担金の免除期間の延長を求める懇談、8〜9 月には、被災者・避難者アンケートを実施、623 件の分析では、61％ が免除を適応されており、10 月以降も免除期間の延長が必要と 57％ の方が答えている。この結果も踏まえ、9 月には県に対し、医療・介護の一部負担金・利用料の免除継続を求める請願を提出した。県社保協も同様に要望書を提出している。石川県保険医協会も、2024 年 9 月 4 日には、一部負担金の免除期間の延長を石川県に求める緊急要望書を提出・懇談するなど、県内団体が繰り返

し要望したにもかかわらず、9月議会では民医連の出した一部負担金の免除期間の延長を求める請願は、日本共産党のみの賛成で否決、9月20日になっても、県は国からの通知を待っているといった受け身の姿勢が際立った。（実は、2024年9月18日付厚労省保健局医政課からは、各県あてに免除期間は12月末まで延長と通知が来ていた。）結局、被災者向けのチラシは、2024年9月26日付で、免除期間が2024年12月末まで延長になったことが公表され9月27日付で被災者・事業者に通知されている。

　7月24日の民医連の県との懇談で明らかになったが、介護保険における福祉用具のレンタル費用の免除については、前月末にならないと翌月の免除制度の継続が分からないということもあった。現場の担当者は、翌月のレンタル費用が免除になるか、ならないかも毎日行政からの通知待ちだったとのことである。このことは県も承知していなかった。

　さらに、広域避難（福祉避難所扱い）から能登の再開した介護施設に戻ると、利用料免除が適応されない事例もあった。

　なお、医療費・介護利用料の自己負担免除の特例措置は、9月の豪雨災害の被災者には条件が設けられた。

　また、窓口負担以外の医療や介護保険料減免ついては資料がなく、どの程度実施されているのか、調査検証が必要である。

9　石川県の復興計画

1　震災前までの医療政策

　石川県においても地域医療計画に基づき、石川県医療審議会のもと石川県医療計画推進委員会が年1回開催され、地域医療構想部会（県単位の地域医療構想調整会議）と県内4医療圏ごとの地域医療構想調

整会議が開かれてきた。

　詳細は省くが、病床規制が主たる計画の本質で、各医療機関による病床機能報告制度に基づき、2025年に必要とされる病床数に近づけていくこととされていた。2022年度からは、入院のみならず外来機能、在宅機能と連携が議題となり、同時に医師の働き方改革に伴う対応も議論されている。

　2022年度、能登中部・北部医療圏地域医療構想調整会議では、奥能登4病院の機能の分化、協力が議題となっているが、これまで4病院での協議の場がなかったことが指摘されている

　「第11回地域医療構想及び医師確保計画に関するワーキンググループ」（2023年3月1日）提出資料には奥能登4病院の意見が記載されている。自院のあり方については、機能を落とすことは考えていないが、ダウンサイジングは必要、現在の診療体制を維持したいが、医師のみならず薬剤師、臨床検査技師など、あらゆるスタッフが不足している、後期高齢者が増加しているため、当面は現在の病床数を維持したい。また、能登北部のあり方についてでは、外科、内科も専門性によって集約化を考えても良い、周産期施設についてはどこに置くかも含めて協議が必要、不足している診療科によっては集約化の考え方もあるが、搬送にかかる時間や距離を考えると一概には賛成しかねる、診療科によっては医師の相互派遣や集約が必要、外科、周産期は集約化が迫られていると思う、などである。また、2022年度県民意識調査の結果も載せられている。診療を受ける際に不便な点として、奥能登では「特に不便がない」は、32.3％と石川県平均の61.9％と半分しかない。「医療施設はあるが自分の受けたい診療科がないため診療科を充実させる」が31.6％（県、13.3％）、「医療施設が少ないため医療施設を充実させる」が18.1％（県、7.6％）、「救急や夜間・休日の診療が不便なため、対応した医療施設を充実させる」が12.0％（県、14.6％）。「必

要な施策として、近隣の小さな病院を統廃合するなどにより少し遠く
ても大きな病院をつくる」が、50.0％と県平均31.8％を上回る傾向に
あった。この設問には、他に、必要に応じて遠方でも大きな病院を利
用するため、現状の医療施設や診療科でよい、その他、の3選択肢し
かなく、質問の主旨としてそぐわないのではとも思われる。

　2023年度第2回能登中部・北部医療圏地域医療構想調整会議は主に
外来医療在宅医療について議論されている。

　外来診療所については、内科系に限ると、人口10万人当たり、能
登北部では平均54.0か所、少ない珠洲でも38.67か所と、石川県平
均、39.56か所と比べ少なくはない。しかし、時間外患者の対応割合
が24.0％（石川県平均、70.8％）と低く、その分を、公的4病院が担
っているとされている。今後、外来患者数は減少局面にあるが、診療
所医師の高齢化により担い手不足が予想されるとある。今後の在宅患
者数は県全体では増加が予想されるが、能登北部で2021年397件/月
から、2026年予想は301件/月、2029年294件/月と減少が予想されて
いる。

2　震災後の医療政策

　このような状況の下で地震が発生し、2024年4月24日に石川県庁に
て第1回石川県成長戦略「ミライカイギ」が開催された。この会議自
体は、2023年9月、石川県が策定した石川県成長戦略の実効性を高め
ることを目的として設置された。県内財界、文化人の他、NGOや、珠
洲市総合病院医師も参加している（医療関係者は1名のみ）。2023年
度から10年間、2032年までの石川県成長戦略と、2024年5月に発表
予定の「石川県創造的復興プラン（仮称）骨子」が資料として付けら
れている。石川県成長戦略のなかには、医療についての記述は少なく、
能登北部地域をはじめとする医師不足地域や、不足する診療科（産科、

第4章　震災時の医療、介護の実際と課題　　111

小児科、麻酔科、外科など）における医師確保等の記載にとどまっている。

　ミライカイギは、2024年10月8日、2回目の会議が開かれ、創造的復興プランについて議論されている。珠洲市総合病院の出島彰宏医師は、医療機能を統合した急性期病院をつくり、既存の4病院は予防医療、介護、福祉の機能を有した形態にシフトすることを述べている。この理由として、4病院が震災後、住民の減少により大幅な赤字となり、各自治体の財政規模では総合病院を維持していくことが困難になることが予測されているとしている。

　2024年5月に策定された県の復興計画における医療、介護の特徴は、一言で、復旧の視点がない。奥能登の医療は救急医療と、周産期医療にしか言及がなく、介護の視点も記載されていない。

　「第1章　被災状況」のなかには、人的被害、住家被害、避難所の開設状況、ライフライン、公共土木施設などは記載されているものの、医療機関、介護施設の被害状況は記載がない。「第2章　創造的復興に向けて」には、能登は人口減少と高齢化が急速に進んでいる地域であるという問題意識のもと、単に被災前の姿に復元するのではなく、もともとあった課題を踏まえ、未来志向に立って以前よりも良い状態へと持っていくという「創造的復興」です、と述べている。創造的復興に向けた基本姿勢には、12項目が挙げられ「（3）若者や現役世代の声を十分に反映する」とある。「高齢人口が多い能登では、能登の声を年配者が占めていきがちです。（略）若者や現役世代が中心になりながら議論することが重要であり、行政もその推進に取り組んで行きます」とあるが、高齢者の意見、要望をくみ取ることはむしろ大変で、いかに高齢者が住みやすい地域復興をするかという視点なくして復旧も復興もない。この間、政府や一部の政党から社会保障切り捨てのために、働き盛り世代や若者と高齢者の世代間対立を煽る政策、風潮の流布が

はなはだしいが、復興においては世代間対立を煽る政策立案はすべきではない。広く多くの住民、被災者の意見や要望を聞き取り、発信しにくい災害弱者の声はより丁寧に拾い上げ、とりわけ「災害弱者」が発信しやすい工夫を重視することが求められる。

そのうえで、具体的な取り組みについての施策があるが、この部分は、県の各管轄課が提案したものの羅列になっている。

奥能登公立4病院の機能強化、妊婦が安心して出産できる体制の確保、救急医療、搬送体制の充実強化、県内医療機関との連携体制構築、DMAT隊員の養成、オンライン診療の推進、奥能登公立4病院に就業希望の看護学生への就学資金貸与、看護職員の確保、医師の確保、在籍型出向による離職防止、病院職員の住宅の整備、地域包括ケアシステム構築への支援、障害者サービスの充実等など。その他、介護人材の確保の施策等もある。しかし被災地での医療、介護需要や、今後の復興、さらなる震災対応において、どのような医療機関や介護、福祉施設とサービスの構築が必要なのかが明確でなく、既存の地域医療計画を当てはめた施策としか評価できない。国が推し進めるDXや電子処方箋など、どこが震災復興と関係があるのか、便乗的な方策と言える。

2024年8月には石川県第8次医療計画が発表された。本来、2024年3月までに改定されるべきものであったが、震災の影響で遅れ、また、震災によって生じた変化や課題、それに対する対応の記載はいったん見送り、計画の中間年である2026年度を目途に計画の見直しを行うこととしたが、奥能登公立4病院については機能強化検討会を中心に検討・対応を不断に進めていくとある。

能登4病院の機能強化検討会議が2024年8月8日、石川県健康福祉部により開催された。

検討会の設置目的は「令和6年能登半島地震において、奥能登4公

第4章　震災時の医療、介護の実際と課題　113

立病院等が甚大な被害を受けたことを受け、①第一段階として、能登半島地震発生後における奥能登4公立病院等の対応を振り返るとともに、奥能登4公立病院等の医療提供体制の復旧状況を確認し、必要な支援策を検討・実施し、広域避難者の帰還に伴う医療需要の増加に備える。②第二段階として、医療を取り巻く状況の変化を踏まえつつ、奥能登4公立病院を含めた医療提供体制の機能強化策を検討する」とされ、被災地首長、公的病院長、県医師会等が委員に名を連ねている。この時点での評価は、県が提出した資料でみる限り、人的には、医師看護師は充足、薬剤師等不足もある。患者の回復状況では、発災前（前年同月比）と比べて、入院患者数は、穴水は8割、珠洲と宇出津は6割、輪島は3割、外来患者数は、穴水と宇出津は7割、珠洲と輪島は6割となっている（2024年6月時点）。参考資料として、能登北部の推計人口は、5万1983名となり、震災後6か月間で3230名（5.9%）減少した。（令和6年1月1日：5万5213名→令和6年7月1日：5万1983名との人口減少の指摘あり。）介護分野では、要介護高齢者の受け皿が減少するなか、輪島病院が介護医療院を開設し、宇出津病院では、柳田温泉病院に病棟一部を貸与（→柳田温泉病院が介護医療院を再開）しており、地域の高齢者施設を代替する役割を果たしている。産科医療については、市町内に留まる妊婦は、段階的に増加し、現在、約9割となっている。小児医療については奥能登の児童生徒数は、震災前に比べ、27.2%減少しており、奥能登4公立病院の小児科の外来患者数（延べ）は、震災前の半数程度に留まっている。しかし、奥能登4公立病院では、金沢大学及び金沢医科大学の協力を得て、小児科の診療体制を維持している。診療所については、発災後多くの診療所が休診となったが、県医師会・JMAT等の支援（①医師・看護師の派遣、②仮設の診療施設を設置、③タブレット貸与などによりオンライン診療の体制を整え、2次避難者とかかりつけ医とのつながりを維持）に

より、現在、2診療所を除き、診療を再開しているとある。

こうしてみていくと、今回の検討会は初回で、復旧に関する意見交換が主とはなっているが、以前から言われている奥能登公立4病院の統廃合には触れていないものの、それぞれの病院の地域での役割、復旧の支援については具体的な方向性は出されていない。小児科、産科等は記載されているものの、医療介護連携、地域包括ケアシステムにおける民間医療機関との連携や支援の視点もなく、医療DX頼りの方策や、経営改善のために国のアドバイザーを安易に入れる方向性など、注意が必要である。

2024年度第1回能登中部・北部医療圏地域医療構想調整会議（2024年11月25日）では、奥能登公立4病院機能強化検討会が設置され、奥能登公立4病院の機能の集約化を含め、地域の医療供給体制全体の機能強化策について協議が行われていると報告あり、同検討会で方向性が取りまとまれば、地域医療構想調整会議で協議されることになる。県の創造的復興プランでも2028年には機能強化を実施する目標が示された。

10　震災から1年を経て、現在の医療介護の課題

まず確認しておきたいことは、被災者の生活といのちを守る施策は急務であることである。損壊した自宅に住み続けている方、避難所にいる方、仮設にいる方、みなし仮設にいる方、遠方の知人・親戚を頼って自主避難している方、県外含む介護施設で入所されている方、それぞれ現在の住いは被災地であろうがなかろうが、適切な医療・介護へのアクセスが補償されなくてはならず、それは、経済的事由など個人の責任に帰してはならない。

基本的人権を保障する国の責任の下、石川県、市町が連携して計画・

実行することが求められる。

　また、被災地で生活を続けたい方、被災地に戻りたい方、戻らない方含め、居住の保障が前提となるが、とりわけ被災地においては、社会的インフラである医療・介護事業の存続、再開は前提条件であることを施策の中心に据えるべきである。

　今回の震災では、そもそも医療過疎である地域での被害と合わせ、これまでの低医療費政策のもと医療・介護体制が弱体化させられていた状況に拍車をかけることとなった。これは、公立病院の経営問題、スタッフ確保の困難として短期間におこったものではないが、公立・公的病院・施設に限らず、地域医療をともに支える民間医療機関・介護・福祉事業所も同様である。医療がなくては人は住めないことを根幹におくならば、少なくとも公的医療・福祉機関に関しては、経営課題を度外視しても復旧・復興、むしろ強化策を講じるべきである。民間事業所の存続にむけても、実行力ある施策が求められる。

　医療・介護スタッフの確保と育成は同時にすすめられなくてはならない。とくに、医師についてはこの間、自治医科大学卒業生や地域枠奨学生を中心にへき地での勤務がもとめられ、また、大学病院からの医師支援が行われてきた。県は、在籍出向という勤務形態も提案しているが、医学生時代、初期研修期間も含め災害医療を（これは急性期のみを指すのではなく）学び、担える養成をすすめるためには、公立病院だけではなく、民間を含む臨床研修指定病院の協力も引き出しながら、システムづくりをよびかけるべきである。

　また、被災地での医療・介護スタッフが働き続けるためには、自らの生活や家族の介護課題、教育環境の整備は重要である。同時にこれらの施策がすすめられる必要がある。

　被災者の医療・介護を支えるうえで、単に被災地の医療・介護事業所にその責任を負わせる体制は長続きしない。石川県の医療計画とし

ても、被災者の健康調査を早期に実施したうえで、県内医療・介護事業所が被災者の生活といのちを守るための事業展開ができるような立案が求められる。具体的には、災害や新興感染症パンデミックに備えることができる、平時からのゆとりのある病床、経営環境を守ることでる。また、行政と民間含む関係者が有機的に長期に渡る被災者支援を行う仕組みも必要である。

　医療・介護を受ける当事者の声や意見を尊重すること。これは、奥能登公立4病院機能強化検討会ではとくに必要な視点である。

　最後に、すでに35年前にまとめられた、過疎地域における医療・福祉についての報告を載せ、その教訓を改めて学びたいと思う。

　井上英夫・伍賀一道・横山寿一「過疎地域における医療・福祉―珠洲市日置地区医療・福祉実態調査報告―」日本海文化（金沢大学文学部日本海文化研究室編）第16号、1990年3月号別冊。

　1988年来行われた、石川県珠洲市における医療・福祉実態調査のまとめとして発刊されている。詳細は省くが、「まとめにかえて」に記された記録が現在にも通じる。

　「まとめにかえて」、調査の感想として3点記載されている。以下、概要を記す。「①医療過疎とでもいうべき地域の住民の意識、受療行動、行政への医療・福祉要求を通じて、問題状況を明らかにしている。それは、医療問題を巡って住民と行政との間に大きなギャップがあることを感じた。一例をあげると、行政の間では道路が良くなったことにより医療問題は解決したとするが、住民は、依然医療機関が遠いと感じ、診療所の設置を求めているのである。②医療・福祉の制度、民間の医療機関、施設等を含めた生活保障のシステムを作り上げるためには、一人一人の住民とその家族の生活、そしてそれをとらえることができる、できるだけ小さな地域から出発する必要があるということで

ある。全国的、全県的な視点、二次医療圏のような広い単位で問題を捉えるのみでは、余りに多くのことが見落とされ、無視されてしまう。とりわけ医療・福祉は、生命、健康、そして生活といったまさに個人の基本的価値にかかわる分野であるから、一人といえども無視してはならないであろう。③一般に指摘されるように、過疎は働く場がないことによる若年労働者の流出を主要因とするものでる。しかし、今回の調査は、いわば『もう一つの過疎化』が進行してきたことを予測させるのである。医療機関も福祉施設もなく、医療・福祉のサービスへのアプローチを妨げられている地域では、高齢者、子供そして病気や障害をもった人々は結局は生きていけないのでないか。『もう一つの過疎化』の過程を明らかにすることも我々の課題である」。

　介護保険制度が施行される 10 年以上前の調査であるが、とくに医療過疎と言われる地域の課題がみごとに指摘されている。今後の復興に向けた医療、介護政策に活かされるべき視点である。

第 **5** 章

能登半島震災が示した移動の課題
―初動対応の教訓から―

西村　茂

　本章では、能登半島地震の初動対応（約1か月）における移動の問題を取り上げる。

　震災が起きたとき、被災者や支援者の移動確保は死活問題である。日常の移動の前提条件が破壊され、救助、医療、食料のための移動は困難となる。

　国交省は、「災害時のモビリティ確保」について、初動対応の具体例に「被災者の避難所への輸送」などを挙げているが、本章では移動の必要を広く捉え直したい。

　支援の移動の課題では、まず救命・救急のための移動ルートの確保、とくに陸路の復旧が重要である。消防、警察、自衛隊、DMAT（災害派遣医療チーム）などによる救助活動も道路被災（土砂崩れ、陥没・隆起、瓦礫、電柱の倒壊など）が障害となり、移動の必要な支援活動（物資輸送、給水車、医療機関への送迎など）も制限される。とくに道路の不通で孤立した地区や自主避難所への公的支援は滞る。発災初期には、被災した市町村ができることは限られている。とくに職員の多くが被災した場合はそうである。このこと前提に防災を再構築することが能登半島震災の教訓である。

被災者の移動の課題では、被災場所から指定避難所への移動ができない状態も考えなければならない。孤立地区や自主避難所の発生である。公共交通は運行停止しているので、交通よりも広く人の移動を考える必要がある。とくに交通不便な地域では、被災者の移動には自家用車、タクシーなどが重要な役割を担うことになる。

以上のような問題意識から本章では、道路の被災、孤立地域、自主避難所という問題群を検討する。対象を移動確保が重要となる初動対応の時期に限定し、奥能登4市町（輪島市、珠洲市、穴水町、能登町）のデータと事例を紹介する。依拠した資料は、自治体・政府の公表資料、および当時の現地の声を伝える報道機関の記事などである。

地震発生は2024年1月1日16時10分頃である。1月の記述については「1月」を省略した。

1　初動対応の遅れ

能登半島地震の特徴として初動対応の遅れが指摘されている。実際に何が遅れ、何が課題だったのか。

1　被災自治体の初動

輪島市では、地震直後に市役所に出勤できたのは2〜3割だった。「約280人の職員はそれぞれの地域で孤立状態に置かれたり、地元の避難所支援に入ったり」という状態になった。坂口茂市長は「自衛隊のヘリで救出」され3日朝に登庁できた。珠洲市では「2日午前までに集まることのできた職員は十数人程度」、9日時点で「200人超の職員のうち2割が出勤できていな」かった。

4市町合同の奥能登消防本部（職員189人）は「救助を急ぎたいが、連絡がつかない職員もいて人手はまだ全然足りていない」という状態

だった（2日時点）。

　発災直後、被災自治体は被害や避難の状況把握すら不充分だったことが想像できる。「国より自治体の方が、現場の状況をよく把握している」と言われるが、大きな災害では例外的状況が生まれる。

2　遠隔地から奥能登への移動

　遠隔地から奥能登への救命・救助の部隊の移動はどうだったのか。

警察「広域緊急援助隊」

　他の都道府県警から派遣される「広域緊急援助隊」がヘリコプターで現地入りし救助を開始したのは、輪島市で2日午前7時、珠洲市で同午後1時過ぎだった。陸路では、輪島市が2日午後1時、珠洲市が同午後9時。すでに24時間近く経っていた。

消防庁「緊急消防援助隊」

　総務省消防庁から緊急消防援助隊の出動指示が出ていた11府県の部隊が72時間以内に、輪島市、珠洲市にたどり着けたのは、6割程度だった。

災害派遣医療チームDMAT

　「第1陣が奥能登の病院に到着した」のは3日だった。「石川県から被災地以外のDMATに対する派遣要請は2日午前10時前」だった。「国が独自に判断」すべきであり、「あと半日早く動けた」との声があった。

3　政府の初動

　「首相官邸では地震直後の情報集約が難航した」「輪島市長や珠洲市長と電話したのは午後10時を過ぎてからだった」。この時点で「甚大な被害が生じた」ことを知ったと報道された。政府独自の情報収集活動や救援派遣の開始が必要だった。災害の情報が少ない場合に、何を

第5章　能登半島震災が示した移動の課題　　121

すべきかを準備しておくことが教訓である。

2 道路の被災と復旧

　震災で繰り返される道路の被災だが、能登半島地震の被害を「道路の寸断」として一般化せず、より具体的に整理することは教訓として重要である。結論的に言えば、「東日本大震災に比べて、道路啓開が遅い」とか、「奥能登全体が孤立状態」といった漠然としたイメージは正しくない。

1 「くしの歯」の復旧
　国交省は、いわゆる「くしの歯状の緊急復旧」を実施した。その結果、すでに2日午後9時30分の時点で、七尾市から奥能登4市町（輪島、珠洲、能登、穴水）の各役場まで、普通車での通行が確保されていた。大型車については4日午後2時で通行可能になった。8日時点で「くしの歯」になる内陸・海側から7ルートが確保されていた。
　以上から言えることは、奥能登全体が孤立というイメージの誤りである。およそ24時間後には、七尾市と4市町の中心部の間で道路はつながった。問題は「くしの歯状の緊急復旧」とは別のより具体的な課題であった。

2 道路復旧の課題
大型車の通行、迂回道路の渋滞、孤立地区
　道路の復旧では、2つの課題を区別して考えるべきである。【1】県の中心都市から被災自治体の中心部へのアクセス、【2】自治体内の各地区へのアクセス、である。
　【1】について。問題は「くしの歯」の開通よりも以下の2点だった。

第1に、大型車の通行である。大動脈である「のと里山海道」（金沢～）と、能越自動車道（富山～）は、被災箇所数178か所に上った。「大型車が通行できる道」である国道249号は、「5日時点で25区間が通行止め」で、七尾市から穴水町までのみが通行できた状態だった。緊急消防援助隊や災害派遣医療チームDMATは「移動ルート制限で現地入りに時間がかかり」、「発生後72時間以内の救助作業の障壁」になっ

写真5-1　国道249号の緊急復旧
　　　　 （2024年1月6日、輪島市）
写真提供：国土交通省。

た。船やヘリコプターにより、道路以外のルートでの消防隊員派遣が実施されたが、船は港の被災で着岸できず、沖合からヘリで隊員を運んだ。「重量制限で持ち込めた資機材は、のこぎりやなた、バールなど数十キロのみ」「もっと資機材を持って行けていれば」（静岡市消防局）。

　第2に、幹線以外の迂回道路では、渋滞、片側交互通行となった。車両が走行できても道路の損傷が激しいため「通常2時間台の道のりに9時間かかった」「土砂崩れや亀裂の発生で片側交互通行を余儀なくされた」などの問題が発生した。給水車が約50台派遣されていたが、「渋滞が活動を困難にしている」（堺市の応急給水支援隊）、「道が混み合っており、想定より到着に時間がかかった」（名古屋市上下水道局）。

第5章　能登半島震災が示した移動の課題　　123

【2】について。道路復旧の第2の課題は、各自治体の中心部と他地区とを結ぶ道路である。自治体内の道路の不通が多数発生した。「陸の孤島」は、奥能登全体というより各市町の中の「孤立地区」で生まれた。能登町では「町役場には災害対策本部が設けられたが、町内の他地区と結ぶ道路が寸断」「備蓄倉庫や避難所に行こうとする町職員も度々仕方なく帰ってくる状況」「通れる道を探しながら各地への備蓄物資の配分を進めている」という状態になった。

中心都市と被災地との距離

　支援の地域拠点となる金沢市からの距離も問題だった。とくに奥能登4市町は地理的に遠いという不利な条件があった。金沢市から輪島市へは通常は車で2時間30分程度である。しかし、自動車専用道「のと里山海道」と能越自動車道、「緊急道」とされていた国道249号も大きな被害を受け、とくに七尾市から先の奥能登地域への移動に時間がかかるようになった。

地形の問題

　地形の問題もあった。山地が多く、「山を切り開いて造った道路」も多く、「2車線や狭い幅員など脆弱な道路構造」であった。またバイパスも少なかった。越の原—穴水の両IC間にある能登大橋では南側道路が沈下し、1.5メートルの段差が発生した。東日本大震災や中越地震では道の双方向から資材を搬入できたが、「一方向（金沢側）からしかアクセスできない」状態になった。

　中心都市から距離がある自治体、山を切り開いて造った道路、狭い幅員、バイパスの少なさという条件の地域は、日本中に見られる。これらの条件（距離と地形）は、半島に限らないことも指摘しておきたい。

災害と道路情報の発信

　災害時における道路の正確な情報発信は、救助や支援活動を左右す

る課題である。能登半島震災の発災当初は「道に関する情報がなかったことが厳しかった」との指摘がある。

現在、直近の正確な道路情報収集は技術的に可能である。たとえば日赤災害救護研究所は、2日から携帯の位置情報を活用し、「車で通れる道路」を把握していた。移動速度で車が通れる道路を知る技術である。「発生翌日からリモートで把握し、現地で活動する日赤の救援チームや支援団体に発信」していた。またトヨタ自動車は、車が通行できた道路をリアルタイムで表示する「通れた道マップ」を、1日から公開した。

3　孤立地区

主要道路の応急復旧では、初動対応の支援・避難の移動問題は解決しない。この点を孤立地区から考えたい。能登半島地震では、沿岸部や山間地へ至る道路で、損壊や土砂堆積、落石、倒木などが起き、多くの孤立地区が生まれた。

1　情報把握の困難と「孤立解消」

発災直後に、携帯電話が不通となり孤立状態の把握は困難になった。輪島市では5日の午後2時でも「依然として状況が確認できていない」状態だった。したがって石川県も正確な情報を持っていなかった。そのため、5日には「午前時点の700人超からは減少」し、「県内で約160人が孤立状態」と、混乱した発表をしていた。

初動時の自治体による被災道路や孤立地区の情報把握は、能登半島震災では大きな弱点を持っていた。情報収集活動・技術の改善とともに、情報不足の中で実施すべき初動の救援活動を、今後の教訓とすべきである。

第5章　能登半島震災が示した移動の課題　　125

表5-1　孤立地区数および人数の推移（1月8日～18日）

	輪島市	珠洲市	穴水町	能登町	計
1月 8日	14地区 2,817人	7地区 495人	1地区 20人	2地区 13人	24地区 3,345人
1月10日	14地区 2,775人	6地区 336人	0人	2地区 13人	22地区 3,124人
1月12日	10地区 1,616人	5地区 281人	0人	2地区 13人	17地区 1,910人
1月14日	8地区 228人	5地区 249人	0人	2地区 13人	15地区 490人
1月16日	5地区 128人	1地区 3人	0人	2地区 12人	8地区 143人
1月18日	4地区 23人	1地区 3人	0人	0人	5地区 26人

出所：石川県が公表していた集計より筆者作成。最初の公表は1月8日午後2時。

　表5-1の孤立人数の推移（8日～18日）をみると、発災からほぼ2週間で大きく減少している。

　しかし、この孤立解消は「脱出」によるもので、道路の復旧を意味しない。9日には、石川県は「住民の健康状態などから緊急性が高いと判断した孤立集落などを優先」して、2次避難所に移す取り組みを始めた。輪島市南志見地区は、10日から11日に「約270人が車や自衛隊のヘリコプターで金沢市に集団避難」している。この地区の避難が、他地域に避難を促す呼び水となったと言われている。

2　孤立に備えた対策

孤立地区の発生は避けられない

　発災直後の短期間に孤立地区が生じ、支援が困難になることを前提に防災対策を立てるべきである。孤立の発生が不可避であることは、道路の不通、通信の途絶だけでなく、被災自治体による支援が困難に陥るためである。庁舎が使えても自治体職員の多くが被災した場合、情報収集・発信が困難で、救助・支援の活動ができない状態が少なくとも短期間は続く。職員が被災する可能性は常にある。被害が大きければ、地元自治体による被災者への支援は、事前の想定通りにはならない。

孤立地区の事例（報道記事から）

○珠洲市高屋町

　日本海側に位置。集落の大半の家屋が倒壊し、落石や土砂崩れ、地割れにより孤立状態となる。避難所の裏にも崖がそびえ、土砂災害の懸念から約100人が車中泊した。崩れた土砂を徒歩で乗り越えて隣町から物資を運び込んで耐え忍んだ。ガソリンも不足した。10日に自衛隊が峠道を乗用車が辛うじて走行できるよう復旧した。この時点で大半の住民は高屋町に残る意向だったが、天候悪化で土砂災害の懸念が高まり、11日に8割の住民が脱出を決意した。

○輪島市南志見（なじみ）地区

　市中心部から北東へ約12キロに位置し345世帯725人が生活。道路不通、携帯電話も通じず孤立状態となる。廃校になった小学校と公民館に避難した。「夜はひどく寒い。床も冷たく、すきま風も入る」、「雑魚寝で間仕切りもない」という状態になる。消防分団員が燃料などを持ち込み、物資は次第に届くようになった。炊き出しは約400人分の1日2食が限界だった。

○輪島市鵜入（うにゅう）地区

　中心部から西に数キロにあり、海岸に面した地区。1本道が土砂崩れで通れず1か月ほど孤立した。ラジオの情報しかなく、携帯電波が通じる場所で親族や友人と連絡が取れたのは10日ごろ。1月中旬に自衛隊が区長宅に衛星携帯を置き外部と連絡が取れた。

○輪島市西保地区

　徒歩での行き来も困難な孤立集落が点在。10日時点で「報道機関が来たのは初めて」「外でいったい何が起こってるんですか？」という状態だった。11日に空からの救出活動が本格化した。

対策の具体化

　第1に、通信手段の確保が必要である。中越地震を経験した長岡市は、衛星携帯80台以上を集落などに配備し、毎年訓練をしている。「安否確認すらできなかった経験から、大型災害時は『通信手段の確保が最優先』」と位置づけている。

　第2に、陸路以外の準備である。主要道路の強靱化だけでは、発生

する孤立に対応できない。政府は陸路に代わる輸送手段の各地域への
配置を増強し、災害時には被災地に集中投入できる準備をすべきであ
る。

4　自主避難所

　能登半島地震では、集会所、旅館、郵便局、農協、葬儀場、農業用
ビニールハウスなどを活用した自主避難所が多数生まれた。
　自主避難所の問題は、孤立地区と関連している。しかし、孤立が解
消しても多くの自主避難所が存続したことが示すように、指定避難所
に行けない・行かないという住民の行動は、道路の被災・孤立だけが
原因ではないため独自に検討する。

1　情報把握の困難と自主避難の継続

　自治体は初動時では自主避難所の実態を把握できず、支援が届かな
いリスクが鮮明になった。たとえば珠洲市が自主避難所の場所、避難
者数、必要な支援を詳細に把握できたのは2週間後だった。
　内閣府は、自主避難所も「災害救助法で国が費用負担する避難所に
なる」ことを、今回改めて自治体に示して適切な支援を呼びかけた。改
めて内閣府が呼びかけたこと自体、自主避難所への公的支援の準備不
足を物語っている。「避難者の健康や命を守るには自主避難所の運営や
支援の枠組みを作る必要」（珠洲市で医療支援を行った医師）がある。
　孤立がほぼ解消していた21日の時点で、13市町の自主避難所は175
か所あった（指定避難所152か所）。さらに発災から40日以上経過し
た2月13日でも多くの自主避難所があった（表5−2）。珠洲、輪島、
能登などでは自主避難所が、指定避難所より多かった。2月23日時点
で、輪島市の自主避難所は36か所380人、指定避難所27か所1680人

だったが、この時点で市は自主避難所
への物資の配送を打ち切る方針を決め
た。

2　公的支援と事前の備え

　大規模な震災においては、初動の時
期に多くの自主避難所が生まれること
は不可避である。と同時に、データが
示すように自主避難所が1か月以上も
存続するのは、そもそも避難所の現行
制度の欠陥、公的支援の自治体任せが
原因である。中越地震において山間地で多くの自主避難所が作られた
教訓は、生かされていないと言える。

表5-2　各自治体の避難所数
（2024年2月13日現在）

	指定避難所	自主避難所
珠洲市	16	27
輪島市	29	40
七尾市	23	9
能登町	16	26
穴水町	18	8
志賀町	9	12
計	111	122

出所：中日新聞ウェブサイト「自主避
難所の存続をめぐり被災者と行
政に溝『今更寒い体育館なん
て』『指定避難所に移って』」
2024年2月13日21時35分。

　事前の備えこそ重要である。地区の集会所などを避難できる施設、
備蓄拠点として事前に認定し支援することが必要である。自治体は最
低限として発電機・衛星電話などを備えるよう予算措置をすべきであ
る。さらに今回の教訓から、井戸水確保、食料備蓄、暖房器機、薪、ビ
ニールハウスなども検討する必要がある。

　発災直後の自主避難所は公的支援が不足し、病気などへの対応もす
ぐには不可能な状態である。しかし他方で、指定避難所の現状は雑魚
寝、劣悪なトイレ、インフルやコロナ感染のリスク、子供やペットが
暮らしづらいことなどが指摘されている。

　自主避難所のすべてが、指定避難所より劣った生活環境ではなかっ
た。能登半島地震では、井戸水だけでなく、旧小学校のプールの水、山
の湧き水、川の水が使われた。LPガス・石油ストーブ・くみ取り式ト
イレがあった所もあった。自宅の野菜、海で採った魚介、買い溜めし
た食品を持ち寄って生活していた。「週に1回ぐらいしか買い物に行か

自主避難所の事例（報道記事から）

○珠洲市長橋町

　2日時点で集会所に16人が生活。指定避難所は2キロ離れている。「家が近いし、地域のみんながいる」。食材を持ち寄り山からの湧き水を利用した。ランタン、LPガス、石油ストーブ、くみ取り式トイレがあった。

○珠洲市宝立町

　役所から南西約5キロの林業研修センターに約20人が生活。おせち料理などを持ち寄った。4日目にきた支援物資はペットボトル2本だけ。「指定避難所にしてもらうように昨年から要望していた」（区長）。

○輪島市

　指定避難所にいったん逃げたが収容しきれず、7日時点で郵便局、農協、ビニールハウス、葬儀場などが自主避難所となっていた。8日時点で30人が避難していた集会所では市からの支給はほぼなく、自力で物資を調達していた。市の支給だけなら「全員飢えていたかもしれない」。

○輪島市三井（みい）町

　指定の避難所と比べて物資配給や設備面で不便な所に「なぜ多くの人がとどまり続けるのか」（2月7日時点）。ビニールハウスでは「12人が集まるハウス内は暖かく、肥料の袋を重ねた上に布団を敷いて寝る」「食事は配給を受けたり、自分たちで作ったり」「自宅から遠くなる指定避難所を選ぶ利点を見いだせない」「ここで何一つ不自由はない」「井戸水で風呂にも入れる」「山も林も田んぼも自分たちの場所。やっぱり離れたくないね」。

○珠洲市上戸町

「指定避難所の小学校体育館には3倍以上の避難者」「感染症も心配」「何もないところからみんなで作り上げた避難所。今さら寒い体育館には行きたくない」（2月13日時点）。

ない土地柄で食べ物は備蓄を持ち寄り、困ることはなかった」。

　孤立して指定避難所まで移動できない状況はつねに何処でも想定される。また避難したくない人、できない人の声としては「ペットを受け入れる場所が見つかるまで離れられない」、「近所のみんなでいると

安心」、「地元復興に向け残る」などもある。

　地区や集落の範囲（指定避難所より小さな区域単位）でも、事前に避難計画を作って備蓄しておくことが不可欠であることが、能登半島地震の教訓である。

5　公共交通の被害と復旧

　公共交通は大きな被害を受け、鉄道・バスは初動対応の時期に、ほぼ運行できない状態が続いた。また運転手不足の影響が、タクシー、コミバスを含めた交通復旧を妨げている。

［鉄道］

　JR七尾線は、1月15日に「高松〜羽咋間」のみ運行再開し、全線での運行再開は2月15日になった（通常ダイヤでは3月16日以後）。

　のと鉄道は、従業員47人のうち40人以上が被災、穴水駅に隣接する本社も被災した。2月15日に「七尾〜能登中島間」が運行再開し、全線再開は4月6日となった（通常ダイヤでは7月20日以後）。のと鉄道の4月〜6月の利用者数は、2023年同月比で16.2％減少した。

［路線バス］

　金沢と奥能登の間の特急・急行バスの運転再開は1月25日になった。北鉄奥能登バスでは、4月段階でいまだ道路の復旧が進んでいないことから、路線バスの本数は「地震前の35％ほどの状態」であった。7月時点でも8路線68本で、2023年4月の9路線130本より大きく減少していた。また運転手不足により、本数を増やすことが困難となっている。

［コミバス］

　珠洲市（すずバス）は、運転手の被災と車両使用不能により休止した。2月13日に一部の路線で減便して運行を再開している。穴水町で

は、市街地循環バス（4月1日〜）、見守りバス（8月〜。仮設住宅と市街地を往復。予約制）、外出支援バス（2月19日〜。各地区と各病院を往復。予約制）を無料で運行している。しかし、運転士不足が深刻で「各市町ごとに運営しているコミュニティバスの維持が困難」、「継続的な運行が課題」となっている（石川県能登地域公共交通協議会）。

［タクシー］

　奥能登4市町では、2023年12月の15事業者75台が、2024年6月には11事業者53台に減少している。珠洲市の「スズ交通」は6台のうち2台が津波などで使用不能になったが、発災直後の1月2日から営業した。輪島市内まで往復100キロ以上走って燃料のLPガスを充塡していた。住民の減少や、配車依頼が多かった夜間営業の飲食店が閉店し利用は減少した。穴水町の「能登観光自動車」は、発災後も休まず営業を続けた。自宅が住めない状態の運転手もいたが、「公共交通機関として、道さえあれば走る」と住民の足として機能した。

［乗り合いタクシー］

　各市町で乗合タクシー（予約制・自治体運営）が運行され始めている。輪島市、「AI乗合オンデマンド交通　のらんけ＋」（8月1日〜）、珠洲市、無料の「乗り合いタクシー」（9月19日〜）、能登町「予約制乗合タクシー」（2月16日〜）などが運行している。

6　移動の回復と移動できない生活への備え

　初動の検証は、今後の対応とくに政府の予算や被災自治体職員の行動にまで具体化されてこそ生かされる。

　中央防災会議・防災対策実行会議の報告書『能登半島地震を踏まえた災害対応の在り方について』が2024年11月に公表された。実施された災害対応の記録として基本的意義があるが、検証という点では疑

問が残る。国民の立場からは、批判を覚悟してでも災害対応の失敗や不足も書いてほしかった。また記録が不充分なところとして、発災から1週間の初動の記録が不足している。政府・自治体の記録情報が少ないこの時期については、被災した住民・職員、被災地に入ったNPOや記者などの「当時の証言」が貴重な価値があるが生かされていない。各市町による今後の検証ではその点が明確にされることを期待する。

　本章で検討した能登半島震災の課題は、移動の回復と移動できない生活に備えることに分けられる。

移動の回復

　能登半島地震における道路の被害と復旧に関する教訓は、以下の3点に整理できる。

　第1に、被害の想定が不充分だったことである。災害対応は「想定外を極力なくす」ことが基本である。石川県の想定は、死者7人、建物全壊120棟の「ごく局地的な災害」という内容だった。被害の規模の想定と実際の被害には大きな差があった。

　第2に、孤立地区や自主避難所についての準備が不充分だった。

　孤立地区や自主避難所の発生は、山間地や海沿いでは必ず繰り返されると想定すべきである。自治体は孤立可能性のある地区の集会所などに備蓄、通信手段を整備すべきである。石川県の創造的復興プランは、移動高速化、道路強靱化、広域、幹線に偏った印象を受ける（「道路分野における創造的復興について」）。これらの道路政策だけでは孤立や自主避難の課題に直接対応できない。

　第3に、初動の公的支援は遅れることを前提に防災を再考すべきである。問題は職員が動けないことである。各自治体は初動対応が計画通りに進まないことを想定して、事前の準備を再点検すべきだ。

　道路偏重を見直し、多様なアクセス手段を備えておくことも必要である。拠点となる空港整備だけでなく、空輸（救急隊・機材）を可能

にするスペースを各地域に確保すべきである。ヘリコプターやドロー ン活用は、県のプランに書かれているが、実験的で大がかりなものよ り、各地域に密着した具体化と財政支援が必要である。

移動できない生活の準備

　ある災害研究者によれば、「交通アクセスが限られ孤立しやすい地域 を対象とした防災対策は議論されてこなかった」。課題は事前の備えで ある。歩ける範囲に小さな避難所を認定することが必要である。指定 避難所を増やす自治体もあるが、自主避難所を認定することが現実的 だ。大規模な拠点は救助・救命には有効かもしれないが、まず地域の 小さな避難・備蓄に予算を充てるべきである。国は避難所の拡充を自 治体の判断に委ねて、財政支援を充実すべきだ。

第**6**章

耐震改修の現状と課題

中山　徹

　第6章では、住宅被害の状況を概観し、なぜそのような被害が発生したかを考える。地方では住宅改修が重要だが、国や自治体が進めている耐震改修促進計画の進捗状況では、大きな地震が起こるたびに多くの住宅が倒壊し、今後も被害が繰り返される。その状況を変えるためには、耐震改修を個人責任とするのではなく、公費負担で進めることが重要であり、その根拠を考える。

1　住宅被害の特徴

1　住宅被害の状況

　能登半島地震は能登半島北部地域を中心にしつつも、広範囲に住宅被害を生じさせた。全壊家屋は6445棟、半壊家屋は2万3225棟、一部破損家屋は12万29棟である[1]。警察が取り扱った228人の死者のうち、死因の約4割が「圧死」、約2割が「窒息・呼吸不全」、1割強が「低体温症・凍死」であり、7割以上が倒壊した建物の下敷きになって亡くなったと考えられる[2]。

　1980年以降、国内で30人以上の死者が出た地震は8回あるが、阪

神淡路大震災、熊本地震、能登半島地震は死者（災害関連死を除く）のうち、7割以上が住宅などの倒壊による。住宅の倒壊を防ぐことが防災対策の基本であることは広く認識されているが、そのことがなかなか実現せず、地震が起こるたびに、住宅の倒壊で多くの方が亡くなっている。残念ながら今回もその繰り返しであった。

2　住宅の構造及び建築時期の特徴

　能登半島における住宅の特徴をみるにあたって、耐震性という面から住宅の建築時期について整理しておく。建築基準法は地震の被害などを踏まえて改正される。耐震基準に関して大きな改正があったのは1981年6月であり、それ以前の建物は旧耐震基準、それ以降の建物は新耐震基準と呼ばれている。また、木造建築物については2000年6月にさらに見直されている。

　その結果、鉄筋、鉄骨造の建物については、1981年5月以前の建物は耐震診断が必要で、木造の建物については2000年5月以前の建物は耐震診断が必要とされている。

　以上のことから、木造住宅を、1980年以前、1981年～2000年、2001年以降の3段階に分けてみる。

　図6-1は、全国、石川県、輪島市、珠洲市の住宅構造をみたものである。全国では木造住宅の比率が54％、石川県は73.9％、輪島市は92％、珠洲市は94.4％であり、輪島市、珠洲市では木造住宅の比率が非常に高くなっている。

　図6-2は、木造住宅の建築時期をみたものである。全国では1980年以前の住宅は24.7％、石川県では26.8％であるが、輪島市では50％、珠洲市では62.4％である。1980年以前に建てられた住宅と1981年～2000年に建てられた住宅を足すと、全国では56.7％、石川県では58.2％であるが、輪島市では73.9％、珠洲市では82.9％である。

136

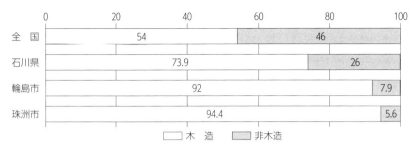

図6-1　住宅の構造（%）
出所：総務省統計局「令和5年住宅・土地統計調査」より筆者作成。

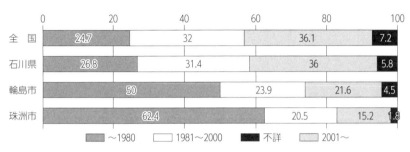

図6-2　木造住宅の建築時期（%）
出所：図6-1と同じ。

3　住宅の耐震改修の状況

　表6-1は、2014年～2018年の間に実施された耐震改修の状況をみたものである。5年間で耐震診断をした住宅は、全国で9.1%、それに対して輪島市は5.7%、珠洲市は1.5%でかなり下回っている。一方、耐震診断をした住宅のうち、耐震性がないと判断された住宅の比率をみると、全国では11.7%、それに対して輪島市は26%、珠洲市は37.5%でかなり高い。これは先にみたように建築年代の古い住宅が多いからだと思われる。

　また、耐震性なしと判断された住宅のうち、耐震改修を行った住宅は、全国で28.2%、輪島市で61.5%、珠洲市で33.3%となっており、

表6-1 2014年〜2018年の間に耐震改修を実施した戸数（%）

	総　　数	耐震診断実施率	耐震性なし／耐震診断数	改修実施／耐震性なし
全　国	100	9.1	11.7	28.2
石川県	100	6	8.5	43.8
輪島市	100	5.7	26	61.5
珠洲市	100	1.5	37.5	33.3

出所：総務省統計局「平成30年住宅・土地統計調査」より筆者作成。

全国よりも高くなっている。

　耐震化率をみると、全国は87%（2018年）、石川県は76%（2013年）、輪島市は45.2%（2019年）、珠洲市は51%（2019年）である[3]。輪島市、珠洲市の耐震化率は、全国的にみてもかなり低いといえる。

4　住宅被害を拡大させた理由

　能登半島地震について、輪島市、珠洲市、穴水町で木造建築物の被害が大きかった地区内で悉皆調査を行い、木造建築物の被害と建築年代の関係性が調査されている[4]。その結果、1980年以前に建てられた建物が3408棟、そのうち倒壊が662棟（19.4%）、大破が676棟（19.8%）であり、倒壊、大破で39.2%である。1981年から2000年までに建てられた建物は893棟、そのうち倒壊が48棟（5.4%）、大破が103棟（11.5%）であり、倒壊、大破で16.9%である。2001年以降に建てられた建物は608棟であり、倒壊が4棟（0.7%）、大破が8棟（1.3%）であり、倒壊、大破で2%である。2001年以降の建物で倒壊した4棟のうち、図面が入手できた3棟は建築基準法の基準を満たしていなかったことが確認されており、倒壊した残り1棟は図面が入手できなかったとしている。また、悉皆調査をした建物のうち、市町の補助を受けて耐震改修を実施したものは38棟、そのうち倒壊したものは0棟、大破が3棟であった。

138

以上のことから、能登半島では建築年代の古い木造住宅が多く、耐震改修はあまり進んでいなかった。それらの建物が能登半島地震で倒壊し、多くの死者を生み出したといえる。これは当たり前のことである。重要なのは、想定外の事態が発生したため、多くの犠牲者が出たのではなく、以前からわかっていた当たり前のことが改善されなかったため被害が拡大したことである。

2　政府が進める耐震改修の現状と問題

1　国の耐震改修計画

　国は耐震改修を進めるため「建築物の耐震改修の促進に関する法律」（1995 年）を制定している。この法律に基づいて、「建築物の耐震診断及び耐震改修の促進を図るための基本的な方針」（以下、基本方針）を作成している。基本方針は今までに 5 回策定されている。5 年ごとに実施される住宅・土地統計調査の結果が発表されると、原則としてそれをもとに、新たな基本方針を作成し、目標年と目標を決めている。

　5 回の基本方針の目標年、目標値をまとめたのが表 6-2 である。常に高い目標を掲げているが、その目標が達成されたことは一度もなく、なぜ達成できなかったのかという分析なしに、新たな基本方針を定め、そこでまた新たに高い目標を掲げている。これの繰り返しである。図6-3 は表 6-2 の実績と目標を折れ線グラフで表示したもので、線の起点（実績）は年代と共に少しずつ上がっているが、同じようなグラフが 4 本並んでいる。

　耐震化率は耐震性のない住宅が減ると上がる。そのための方法は二つある。一つは、耐震性のない住宅を撤去し、新たな住宅を建てる方法である。新たな住宅は耐震性を満たしているため、耐震化率は上昇

第 6 章　耐震改修の現状と課題　　139

表6-2 基本方針で定めた耐震化率の目標年・目標値（万戸）

基本方針	基準年	住宅総数	耐震性のない住宅	基準年の耐震化率（実績）	目標年
2006年基本方針	2003年	4,700	1,150	75%	2015年
2013年基本方針	2008年	4,950	1,050	79%	2015年、2020年
2016年基本方針	2013年	5,200	900	82%	2020年、2025年
2018年基本方針	2013年	5,200	900	82%	2020年、2025年
2021年基本方針	2018年	5,360	700	87%	2030年

出所：国土交通省「建築物の耐震診断及び耐震改修の促進を図るための基本的な方針」より筆者

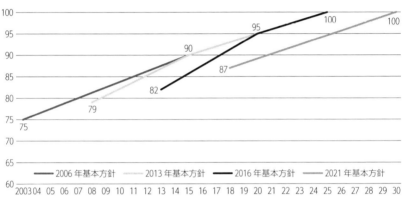

図6-3 基本方針で示された耐震化の目標値（%）

注：各々の基本方針で示された基準年の耐震化率（実績）と目標年の目標耐震化率。
　　各々のグラフの左下数値が実績、中央、右上の数値が目標値。
　　2018年基本方針の基準年、目標は2016年と同じため略した。
　　基本方針では「おおむね解消」という目標値になっているが、この図では100%にしている。
出所：表6-2と同じ。

表6-3 耐震性のない住宅数の減少理由（2003年→2018年）
（単位：万戸）

	戸　数	内　訳	年　間
減少数	450	100%	30
建て替え等	375	83.3%	25
耐震改修	75	16.7%	5

出所：国土交通省「建築物の耐震診断及び耐震改修の促進を図るための基本的な方針」2021年12月より筆者作成。

目標耐震化率
90%
90%、95%
95%、おおむね解消
95%、おおむね解消
おおむね解消

作成。

する。もう一つは耐震改修である。耐震性のない住宅を耐震改修すると耐震化率は上がる。

　2003年から2018年の15年間で耐震性のない住宅が450万戸減っている（表6−3）。そのうち、建て替え等による減少が375万戸（83.3%）で大半を占めている。基本方針では耐震改修を進めるとしているが、実際は、時間の経緯とともに建て替えが進み、政府の耐震化促進施策とは関係なく耐震化率が上がっている。言い換えると、時とともに耐震化率が上がるのを待っている状態と言える。

2　耐震化率の地域差

　先にみたように、能登半島は建築年代の古い木造住宅が多い。一般的に都市部より、地方の方が古い木造住宅が多い。また、都市部では住宅需要が多く、建て替える住宅も多い。そのため、耐震化率には大きな地域差がある。図6−4は都道府県別にみた住宅の耐震化率である。一番高いのは神奈川県で94%、次いで埼玉県が93.2%、そして東京都、千葉県、宮城県が92%で3位である。全国平均は87%、最も低いのは佐賀県で70%になっている。大都市圏は耐震化率が高く、地方は耐震化率が低い。

3　石川県、輪島市、珠洲市の耐震改修計画

1　石川県耐震改修促進計画

　石川県は2007年6月に「石川県耐震改修促進計画」を策定し、2017年3月に改訂している。2007年に策定された計画では、71%であった耐震化率（2005年）を、2015年には90%まで上げるという目標を掲

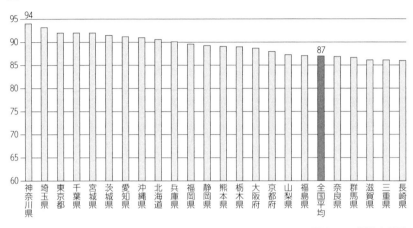

図6-4 都道府県別

注：耐震化率の年は県によって異なるが、2018年住宅・土地統計調査をもとにしていると思われ
出所：国土交通省「住宅の耐震化率」より筆者作成。

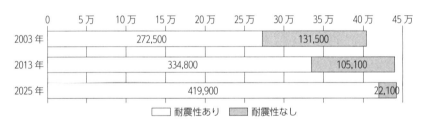

図6-5 石川県住宅耐震化の推移と目標値（戸）

注：2003年、2013年の戸数は実績、2025年の戸数は目標。
出所：石川県土木部住宅建築課「住宅耐震改修促進計画」2017年3月より筆者作成。

げた。しかし、2015年は78％にとどまり、目標を達成できていない。そして2017年に改訂した計画では、2025年には95％まで上げるという目標を掲げている。

　図6-5は石川県内で耐震性のある住宅と耐震性のない住宅の推移及び目標値をみたものである。2003年から2013年の変化は実績で、この10年間で耐震性のない住宅は13万1500戸から10万5110戸まで減

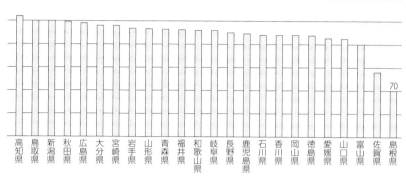

住宅の耐震化率（%）

る。

表6-4　石川県耐震性のない住宅の推移

	2003年→2013年 （実績）	2013年→2025年 （目標）	比率 （目標）/（実績）
減少戸数	26,400	83,000	3.1
年間減少戸数	2,640	6,917	2.6

出所：図6-5と同じ。

少している。それに対して、2025年には耐震性のない住宅を2万2100戸まで減らす目標を掲げている。これを実現するためには、耐震性のない住宅を2013年から2025年の12年間で8万3000戸減らさなければならない（表6-4）。2003年から2013年の10年間で耐震性のない住宅は2万6400戸減っているので、その3.1倍にあたる。年間の数値に直すと、実績は2640戸、目標は6917戸で2.6倍である。

第6章　耐震改修の現状と課題　143

表6−5 輪島市耐震性のない住宅の推移

	2016 年→2019 年 （実績）	2020 年→2024 年 （目標）	比率 （目標)/(実績)
減少戸数	224	4,565	20.4
年間減少戸数	56	913	16.3

出所：輪島市「輪島市耐震改修促進計画」2020 年 4 月。

2 輪島市耐震改修促進計画

　輪島市は 2008 年 4 月に「輪島市耐震改修促進計画」を策定し、2018年 7 月、2020 年 4 月に改訂している。現在の計画では、2019 年に 45.2％ であった耐震化率を 2024 年には 90％ まで上げるとしている。2019年末で耐震性のない住宅は 5473 戸、目標を達成するためには 2024 年には耐震性のない住宅を 908 戸まで減らさなければならない。5 年間で 4565 戸、減らす目標になる。

　輪島市では 2016 年から 2019 年の 4 年間で除去した耐震性のない住宅は 199 戸、同期間に耐震改修した住宅が 25 戸、合計で 224 戸である。1 年間で 56 戸の割合である。それに対して、輪島市耐震改修促進計画では 2024 年までの 5 年間で耐震性のない住宅を 4565 戸減らす目標になっている。年間に直すと 913 戸になり、実績の 16.3 倍である（表6−5)。

3 珠洲市耐震改修促進計画

　珠洲市は 2006 年 3 月に「珠洲市耐震改修促進計画」を策定し、2019年 3 月に改訂している。最初の計画では、25％ だった耐震化率を、2015 年度末までに 45％ まで引き上げる目標を掲げた。2018 年度末の耐震化率が 51％ なので、目標は達成できたと思われる。

　2006 年度から 2018 年度までの 12 年間で、25％ から 51％ まで、耐震化率は 26％ 改善されており、年間に直すと 2.2％ である。現在の計

画では、2028 年度までに耐震化率を 70% まで上げる目標を設定している。2018 年度から 2028 年度の 10 年間で、19% 上げる計画で、1 年間に直すと 1.9% である。過去の実績から考えるとこの目標値の達成は可能性が高いと判断できる。ただし、目標値が達成できても耐震性のない住宅が 3 割を占める。

4　耐震化促進計画の状況

　国は基本方針で 4 回、目標を設定したが、いずれも達成できず、目標の先送りを繰り返している。

　また、実績をはるかに上回る目標を掲げている自治体もあるが、それにふさわしい施策にはなっておらず、実現は困難だと思われる。これは国や県の目標に対応するために目標の数値を定めたと思われ、本気で実現する意思があるのかどうかわからない。

　実績を踏まえた目標設定をしている自治体もあるが、その場合は、目標値が低くなるため、実現可能性は高いが、目標が実現できても耐震化はなかなか進まない。

　いずれの場合も、自然災害に強いまちを早急に築く計画とは言い難い。もし、国や石川県、輪島市が立てた目標値が達成できておれば、能登半島地震による死者は大幅に減ったと思われる。

4　耐震改修は公費で進めるべき

1　今後の予測

　大都市部では住宅需要が強く、建て替えのスピードが速いため、旧耐震基準の住宅が少なく、耐震化率も高い。一方、地方では耐震化率が全般的に低く、大規模な地震が起こると、多くの住宅の倒壊が予測できる。耐震化率が 50% 程度の市町村では、耐震性のない住宅がおお

むね解消されるまでに、今までのペースで推移すると、30年程度はかかると思われる。ちなみに珠洲市の場合、1年間で2%程度の改善ペースである。

ただし、耐震化率が高くなるにつれ、耐震性のない住宅の中で、建て替え、耐震改修などの困難な住宅の比率が高くなる。そのため、住宅需要が小さい地域では、耐震化率上昇のペースが次第に落ちると思われる。全国的にみると、2030年をピークに世帯数が減少に転じると予測されているため[5]、住宅需要が小さい地域が拡大する。

それらを踏まえると、地域によっては2050年になっても耐震性のない住宅がおおむね解消する状態にはならないと考えられる。そのような地域で大きな地震が発生するたびに、多数の住宅が倒壊し、甚大な被害の発生が繰り返されると容易に予測できる。

2 地方では耐震改修を重視すべき

住宅需要が強い大都市圏では、所有者の経済的理由などによって耐震化が困難な住宅であっても、相続などをきっかけに、建て替えが進む可能性が高い。耐震化率が95%を超えるような地域では、相続登記、接道など、個別対応が重要になり、それらの解決とともに徐々に耐震化率も上がっていくと思われる。

一方、住宅需要が小さい地域では、建て替えなどに依拠して耐震化率を高めるのは難しく、耐震改修を進めることが重要になる。また、そのような地域では、その地域の特色ある民家を使い続けている割合が高く、そのような民家が地域の文化を形成している。ただ、大きな地震が発生すると、そのような民家が倒壊し、甚大な被害を発生させている。そのような民家については、建て替えを促進するのではなく、耐震改修を行い、民家を長く使い続けることが重要である。市民が安心して民家に住み続け、もしくは、民家などに関心のある方が移り住

むような対策が重要である。

　そのような耐震改修を通じて、地域の伝統的で特色ある民家を使い続け、地域文化を継承し、地域に対する誇りを高め、地域の発展へとつなげるべきである。

3　耐震改修に必要な経費

　耐震診断、耐震改修にはさまざまな補助金が用意されているものの、住宅は個人の財産であり、基本的な責任は住宅所有者にあるとされている。ここを変えない限り、耐震化率の抜本的な改善は進まない。

　1980年以前の建物は、当時の建築基準法を満たして建築したにもかかわらず、耐震性を満たしていないものが存在する。それをすべて個人責任にしている限り、大きな地震が起こるたびに多数の人命が失われ、復旧に長時間を要している。

　先にみたように（表6-3）、2003年～2018年の15年間で耐震性のない住宅が450万戸減少している。1年間で30万戸のペースである。2018年で耐震性のない住宅は700万戸ある。2023年の住宅・土地統計調査はまだすべて発表されていないが、おそらく2023年では、耐震性のない住宅が550万戸程度存在していると思われる。

　さて、今後10年間で耐震性のない住宅をおおむね解消するという目標を設定しよう。その場合、耐震改修をどの程度、進めればいいのであろうか。2003年～2018年の15年間で、耐震性のない住宅のうち、375万戸が建て替えによって減少している。1年間で25万戸のペースである。今までと同じペースで耐震性のない住宅が建て替えによって減少するとした場合、今後の10年間で550万戸のうち250万戸は建て替えで解消できる。そのため、残りの300万戸を耐震改修で解消する必要がある。年間に直すと30万戸であり、従来のペースの6倍である。

　このようなペースで耐震改修を進めようとすると、従来とは異なっ

第6章　耐震改修の現状と課題　　147

た枠組みが必要となる。その要は、耐震改修を個人任せにするのではなく、公費で行うことである。

日本木造住宅耐震補強事業者協同組合のデータによると、耐震補強工事の平均施行金額は 167 万 7421 円である[6]。この金額をもとに必要経費を算出すると、300 万戸×168 万円＝約 5 兆円である。1 年間に直すと約 5000 億円の経費が必要になる。

この耐震改修を公費で進める場合、現在、自治体が支出している耐震改修に対する補助金、住宅耐震改修特別控除等は不要になる。また、300 万戸の中には、空き家等になり撤去するだけで、耐震改修が不要になるものもあると考えられる。世帯数が減少することを考えるとこのような住宅が相当数生まれると思われる。一方、先のデータを収集した時よりも、建築工事単価が上昇している。また、民家の耐震改修は先のデータより単価が高くなると思われる。そのようなプラス、マイナスがどの程度になるかわからないが、行政の追加負担としては総額で年間 5000 億円程度ではないかと思われる。

4　耐震改修を公費で進める根拠

耐震改修を公費で進めると、個人責任にするよりも、耐震化が確実に進む。それによる財政負担は先にみたとおりだが、その一方で以下のような効果が期待できる。

- ・大きな地震が起こっても住宅が倒壊しなければ死者が大幅に減少する。
- ・自宅に住み続けられると災害関連死を大幅に減らすことができる。
- ・住宅の倒壊による道路の封鎖などが少なくなり、迅速に避難でき、救助、救出も進めやすい。
- ・けが人が少なくなれば、医療費の公費負担が軽減される。
- ・住宅が倒壊しなければ大火事を防ぐことができ被害が軽減される。

・倒壊する住宅が減れば、公費による撤去費用、解体費用も減少し、公費負担が軽減される。

・住宅が倒壊しなければ、避難所生活を余儀なくされる人が減少し、避難所運営費などの公費負担が軽減できる。

・自宅に住み続けられると、復興公営住宅の整備費が軽減できる。

・死傷者が減ると地域経済の再生が速く進み、税収の落ち込みも少なくて済む。

・住宅と仕事場が一体の場合は、仕事場の損傷も少なくて済み、生業の再建が進みやすい。

・地震後も住宅に住み続けることができると、人口減少を防ぐことができ、税収の減少を抑えることができる。

これ以外にもさまざまな効果があると思われる。地震後も自宅に住み続けられるかどうかは復旧、復興にとって極めて大きな影響を与える。耐震改修を進めることで得られる効果を定量的には把握できないが、行政が年間5000億円かけて耐震改修を進めても、それ以上の効果が確保できるのではないかと思われる。

また、このような耐震改修は、地元中小企業の仕事づくりに直結するため、地域経済の活性化という点からみても重要である。

日本から大きな地震をなくすのは無理である。しかし耐震改修を抜本的に進めることで、被害を大幅に軽減でき、復旧、復興も飛躍的に進めやすくなる。そのためには、耐震改修を個人任せにするのではなく、公費で進める制度を早急に整えるべきである。

注

1　内閣府非常災害対策本部「令和6年能登半島地震に係る被害状況等について」令和6年12月24日現在。

2　内閣府「令和6年度版防災白書」。

第6章　耐震改修の現状と課題　　149

3　全国の値は、国土交通省「建築物の耐震診断及び耐震改修の促進を図るための基本的な方針」2021 年 12 月。石川県、輪島市、珠洲市の値は、各々の最新の「耐震改修促進計画」。

4　国土交通省国土技術政策総合研究所「令和 6 年能登半島地震における建築物構造被害の原因分析を行う委員会中間とりまとめ」2024 年 11 月。

5　国立社会保障・人口問題研究所「日本の世帯数の将来推計」2024 年 4 月。

6　日本木造住宅耐震補強事業者協同組合が 2006 年 4 月 1 日から 2021 年 2 月 28 日の間に行った 2 万 7929 棟の耐震診断結果から算出した金額。対象とした住宅は 2000 年 5 月までに着工された木造在来工法 2 階建て以下の住宅。

第7章

小さな集落の存続のために

―なぜ被災集落の存続は難しいのか―

窪田亜矢

1　なぜ被災集落の存続は難しいのか

　集落とは、人々の共同体を意味すると同時に、特定の範囲にある土地を指し示す言葉でもある。そこに暮らす人々は、その土地と付き合うことで糧を獲得し、結果的に環境の維持管理を行い、その質を保ち、また次の年にも循環する時間を迎えてきた。こうした循環は、集落の内側からも外側からも常に脅かされてきた。多くの集落は、存続の岐路に立っている。被災があれば、なおさら存続が厳しくなる。

　本稿では、こうした状況認識のもと、なぜ被災集落の存続は難しいのか、という問いを問題にしたい。よって、まずは能登半島地震によって被災した集落の実態を追うことで、存続をめぐる困難さを具体的に整理したい。対象とする事例は、能登町白丸地区だ。能登半島の東南、海岸沿いに位置する小さな集落で、金沢駅から車で3時間近くかかる。能登半島地震においては、地震・津波・火災の複合被災となった。

　しかし具体的な事例の考察だけでは、小さな集落の存続を展望する

151

には足りないと思われる。なぜなら集落の存続の困難さの背景には、構造的要因があると考えられるからだ。被災集落の存続が難しいという状況は、社会的に認識されているといえよう。言い換えれば、社会は、私たちは、集落がなくなってきたことを受容しており、被災集落が存続できなくてもしょうがない、当然だと考えているのではないだろうか。なぜ被災集落の存続が難しいのか、と問われることすらないのではないだろうか。そのこと自体を問題にする必要がある。

2　能登町白丸地区の歴史的変容[1]

1　白丸地区の構成と公共施設

　白丸地区には、上下出(かみしもいで)、向出(むかいで)、新村(しんむら)という3つの集落があり、それぞれに町内会がある。近世に当該一体が26町村として構成されていた時代から、上下出と向出は白丸だったが、新村は垣内として白丸の一部に位置づけられていた（『内浦町史』202頁）。この3つを合わせて字白丸地区という（図7-1・2）。字白丸地区と他の4つの字を併せた白丸区には、公民館が設置されている。この白丸区を白丸地区という呼び方をすることもあって混同に注意が必要だ。それぞれの町内会や字白丸地区には町内会長や区長がいて、住民自治の単位となっている。公民館には公民館長がいて公民館での活動を支えている。

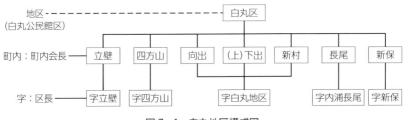

図7-1　白丸地区構成図

出所：『内浦町史』202頁。

図7-2 能登町白丸地区（部分）
出所：伊藤江星・堀口耕平・松尾朋輝作成。以下、断りのない限り、本章の図は3名の作成。

第7章 小さな集落の存続のために 153

1876 年（明治 8）には白丸小学校が設置された。当初は上下出の高源寺に設置されたが、1884 年「白丸の中央に小学校落成（『内浦町史』864 頁）」し、1909 年には現在の高台地に移転している。校区は 5 つの字（立壁、四方山、白丸、長尾、新保）だった。1975 年には鉄筋コンクリート 3 階建の新校舎が完成し、旧校舎跡地には白丸公民館と白丸保育所が建設された。小学校は 2005 年 3 月 31 日に閉校したが、公民館は今も存続している。

白丸地区は、他に 1890 年宮崎村役場、1896 年巡査駐在所、1929 年白丸郵便局、1949 年松波町公民館白丸分館が設置され、この地域の中心的な集落であり続けた。

菅原神社における白丸曳山祭では「きゃらげ（けやらげ）」（男子児童が華やかな柄の長襦袢を着て舞う）を毎年 9 月 25 日にやってきた。また、上下出には高源寺、向出には遍照寺とそれぞれあるが、墓地は向出側の高台にまとまって一つある。

2 白丸地区の人口と生業

白丸地区の人口は、江戸末期から 1980 年代まで世帯数が 110 世帯超で推移しており、安定していたといえよう。人口は最も多かった 1960 年 1515 人、1980 年で 1210 人となっている（**図 7－3**）。

しかし、近年の 30 年間ほどの実居住者数は激減し、80 世帯強、200 人弱まで減っていた。そのため空き家も目立つようになっていたという（インタビュー調査による空き家の分布は**図 7－7**）。

農業は、主要な産業であった。上下出と向出は、周辺の町に比較すると畑が多く、江戸時代以来サツマイモは特に盛んで、向出には芋穴という貯蔵場所が残されている。しかし専業農家率が高かったわけではない。明治末期の専業農家率は 28.8％、兼業農家率は 71.2％ だった。兼業農家率は、戦争前後で一時的に減り（1950 年 27.8％ [『内浦町史』

154

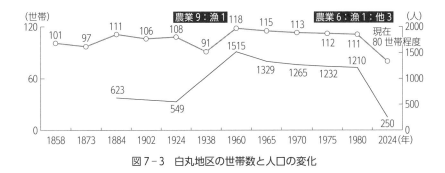

図7-3　白丸地区の世帯数と人口の変化

410頁])、養蚕や葉タバコ栽培が盛んになったものの、1980年には93.8％まで激増しており、変動が激しい。

　昭和初期1928年に白丸養蚕組合の総会が行われており、1955年には葉タバコ栽培が導入されて町内一円に広がったという。1963年には大規模なハウス栽培団地の造成が始まり、宮崎地区の「内浦蔬菜」近郊市場で一躍人気となった。突風や台風などの被害もあったが、ビニールハウスを考案するなどして表彰された。

　兼業農家率の高さゆえ、出稼ぎの伝統があり、特に「能登杜氏」とよばれて主に滋賀県や兵庫県などに、集団で冬季に出掛けていたという。夏季には北海道に漁業出稼ぎというパタンもあった。白丸公民館は1963年には出稼ぎ者に向けて『郷土だより』を送付し始めており、子どもたちの小学校での様子などを出稼ぎ家庭に共有した。しかし次第に出稼ぎは減少していった。出稼ぎするよりは転出するという選択肢が増えていったのではないかと考えられる。

　また白丸公民館は、2016年頃から防災事業にも取り組んできた。能登町によるハザードマップ作成を契機に、台地への避難階段を作ったり、町内に避難経路を示す看板を設置したり、避難訓練をしてきた（図7-4）。台地への経路を確認するために、町内の防災マップと対応させて上空からドローンによる写真撮影を行ってもいた。

第7章　小さな集落の存続のために　　155

図7-4　白丸地区（上下出と向出）の避難路

3　白丸地区の物理的環境の概況

　居住地は海岸沿い低地部であり、その中で、上下出は海から西に向かう道路沿いと白丸川の南側の一帯、一方の向出は、白丸川を挟んで北側と海沿いの一帯に暮らしてきた（図7-4、写真7-1）。白丸川沿いには今も水面に近づく階段がいくつか残っているが、かつては水場として使われていた。

写真7-1　上下出の海岸沿い宅地と台地上の畑
写真提供：白丸公民館。

　上下出と向出という2つの集落は、それぞれ後背の台地を抱えており、そこで畑作などを行ってきたという基本的な共通点がある。だから先述のような台地への避難階段設置も両方で進められてきており、それは畑に通う道でもあった。しかし、両者の空間構成には違いもみられる。たとえば、上下出はバス通りでもある道路沿いの南北に整った敷地が並んでおり、向出は浜の南北方向や台地裾の東西方向、川の流れなどの複数の影響を受けて敷地が形成されていると考えられる。

　海岸沿いの防潮堤は、昭和31（1956）年に白丸漁港で防波堤工事が始まり5年後には完成していたが、今次津波の際には高増しする工事の途中だったという。インタビュー調査によれば1983年の日本海中部地震の津波や大きな台風の高潮では波が超えることもあった。

3　能登町白丸地区の被害とその対応

1　白丸地区における被害と避難

　2024年1月1日、16時10分に最大震度7の地震が発生した。能登町白丸地区にとっては16時26分頃到着した4.93mとされる津波が最

第7章　小さな集落の存続のために　　157

図7-5 白丸地区における被害概況図

も脅威だったといえよう（図7-5）。お一人が亡くなっている。

　被災直前、白丸地区には95世帯195人、実際には80世帯ほどが居住していた。海沿いと白丸川沿いを中心に60軒近くが津波の被害を受けた。防潮堤は壊れた。22時過ぎには火災も生じ10軒が全焼、2軒が一部被害となった。当日夜から高台にあった白丸公民館には多くの住民が集まった。先述の避難訓練によって迷わず避難できた、という声は、実際に複数聞いた。1月2日には188人が避難して、能登町より配給があった非常食や水を確保することができた。3日には正月で

帰省していた人もいなくなり始め、給水も可能になり、避難者は減って、1月下旬には30人強ぐらいで安定する。遠方への2次避難もあったと考えられる。1月31日に能登町役場は、旧白丸小学校グラウンドに仮設住宅建設を決めた。

2月8日には自主避難所という位置づけになったため、支援員がいなくなり、自分たちで自分たちの生活を支えるという体制に変化する。3月下旬にはコロナの罹患が生じたので、作業小屋などに感染者を移動させたり、ほぼ終わっていた仮設住宅の入居を早めてもらったりして、10名までの感染で抑えた。3月28日には第1期仮設住宅（31戸）が完成し、白丸公民館の避難者はすべて入居できたため避難所は閉鎖となった。5月17日には第2期仮設住宅（11戸）も完成し、6月8日には白丸地区での避難生活を希望する者全員が入居できた。

白丸郵便局は、当初から特定の家が担ってきたが、今次災害により閉鎖が決まり、2024年10月30日の報道によると、所有者が土地と建物を町に寄付する意向を示し、町は「震災遺構」として保存する方針を示し、町議会本会議では関連予算も即日可決された。

2024年の白丸曳山祭の開催は見送られた。

2　白丸地区における被害対応

被災建物応急危険度判定や被害認定調査に関する白丸地区の結果を把握できてないが、筆者らの現地調査の結果は、図7-6にまとめており、中心部の建物がほぼなくなってしまっている。修理よりも公費解体が選びやすい状況だったのではないかと推察している[2]。2007年能登半島地震の際に建て替えた家がいくつかあったが、それらは今回の地震には耐えたという（図7-7）。

5月23日には能登町が各地で開催している「復興まちづくり意見交換会」が白丸公民館にて開催され、53名が参加した。状況説明が多く、

図7-6 白丸地区における家屋等被害図（2024年9月末調査時点）

将来どうするかという話にはあまりならなかったようだ（当時の白丸公民館館長へのインタビュー）。仮設住宅にも自治会などの組織は立ち上がっていない（2024年12月現在）。しかし白丸地区の区長や3つの町内会の会長らが中心になり、住民主体の委員会が立ち上がった。7月3日に役場職員との打ち合わせ、7月11日には委員14名で発足会合がもたれた（委員長は白丸区長）。集団で高台に移転したいという要望が聞かれたことから、残っている約60世帯に対して、アンケートによって意向を把握する予定となった。行政はあくまでも地区住民らの

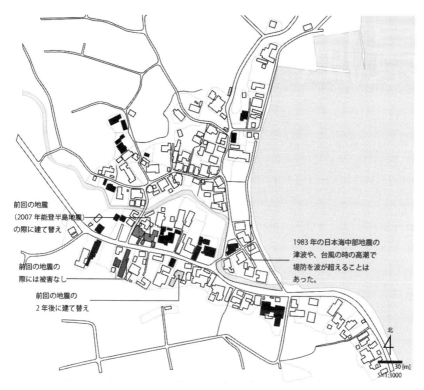

図 7-7 白丸地区における空き家の分布と 2007 年地震被害

意向に沿って応援したいという態度を示している。2024 年 10 月末現在、アンケートはほぼ終了し、約 20 世帯ほどが高台移転を希望しているという（区長インタビュー）。しかし委員会活動として、復興の方向などについては、一般の町民の前ではほとんど議論がされていない。

3　被災後に現れた土地の使い方

　白丸地区における壊滅的な被害は土地の様相を一変させた。その状況はなかなか改善されなかった。しかし、公民館横のグラウンドには仮設住宅が設置された。家を流されて更地になった敷地に、植物を植

第 7 章　小さな集落の存続のために　　161

写真7-2　海沿いに建つボランティア受け入れ場所となった加工場

出所：筆者撮影。

写真7-3　加工場の内部：熱湯が入ったポットやソファ

出所：筆者撮影。

える姿もみられた。ここでは地震後に、路上に散乱した建築材などの撤収や壊れた家の中の掃除などを手伝ってきたボランティアのために整えられた場所をみておきたい。

　海辺に建っていた加工場である「のと海味庵」は天井まで浸水したものの、所有者はこうしたボランティアが休息したり、トイレに行ったりできるよう、修繕して、開放している。建物の隣に角材を組み合わせて設置されたベンチからは、晴れた日には海の向うに立山連峰が見える（写真 7 - 2、7 - 3）。

4　白丸地区の抱える困難さはどのように対応し得るのか

1　居住と生活の継続

　白丸地区では津波等で家を失った方は、希望した全世帯が、遠方ではなく地区内の公民館隣接地の仮設住宅に入居することができた。高台であり、また平坦な土地であったので、安心して暮らしていられるようだ[3]。海が見えてありがたい、とおっしゃった被災者もいた。しかし年代の異なる人の集まりである家族が、限られた面積と部屋数しかない仮設住宅で長期にわたって暮らしていくことは容易ではない。

　また、家を失った世帯が白丸地区に住み続けるためには、住み続けたいと思える家が要る。家屋財産が流出して、自己資金だけで対応できない世帯がいるのは当然だ。困窮している住民に対して、公営住宅や再建補助金などの提示が求められよう。

　それだけでなく、住み続けたいと思った地区を、ふたたび住民が協力し合いながら作り出していくことが重要だ。それがここでの生活の目的であり、結果でもある。

　生活は、住まいだけではなく生業も必要とする。被災した生業は状況がそれぞれの事業に固有の状況であろうから、その再開に向けた支

第7章　小さな集落の存続のために　　163

援もまた、個別のニーズに対応したものでなければならないだろう。農業や農産物の加工などの事業は、被災によって出荷が滞るとサプライ・チェーンが切れてしまう。白丸地区にも農作物の加工事業を継続させるために奔走している被災者がいる。年に一度の収穫と加工が間に合わなければ1年の収入は途絶えてしまう。被災者が、ときに家を再建するよりも事業の再開を優先させる所以だ。被災者は、急いでいる。災害対応や復興事業は、せめてそうした焦燥感を踏みにじることのないよう、配慮しなければならない[4]。

2　物理的環境の継承と再構築

　白丸地区では、津波被害もあったので、高台移転か、現地再建か、という論点が生じた[5]。こうした極めて大きな論点が、諸事情によって、住民らによって議論されていないという状況があった。諸事情を詮索するのは避けることにして、集落の居住地を検討するにあたって、どのような情報や条件があると望ましいのだろうか。

　まず、高台移転については、移転先候補地の数、立地や面積、上下水道などのインフラストラクチャー、微妙な地形、周辺の植栽や風環境などの微気候、所有者の意向、移転にかかる金額と時間を把握する必要がある。これらはいずれも移転者の意向によって左右されるものではあるものの、概要がわからなければ選びようがない。そのためには行政の支援がどの程度確保できるかという点も早めに必要な情報だといえよう。また、候補地となっている土地が、これまで宅地になっていなかった理由を考えるという視点で情報を整理する態度も重要だ。

　一方、現地再建については、住民は、長らく住んできたところだから良く知っていると思われる。しかし改めて、集落が備えてきた物理的環境の価値を整理する必要がある。敷地と敷地の関係や敷地と街路の関係は、人と人との関係に直結する。防潮堤や盛り土などの物理的

環境の改変によって、次の津波にどう耐えられるのか、いなせるのか
という予測も重要な情報だろう。それをふまえてどう住みこなすのか
という議論につながるからだ。

　また高台移転と現地再建は、連動するので併せて議論しなければな
らない。こうした一連の議論を住民が進める過程自体が、取り戻した
い白丸地区のこれまでの暮らしを継承することになる。

5　小さな集落の存続のために

1　集落の置かれた状況

　少なくとも敗戦後の日本において、直後の戦後開拓時期を除けば、
集落は縮退の傾向が続いている。農村集落から都市へと人が流出して
きた。1960年の農業従事者数と農家世帯員数は、それぞれ1175万人・
3441万人だったが、2020年には136万人・349万人と、一割まで減少
している。災害はそれまでの傾向を加速する。被災の前にすでに人口
流出が生じていたなら、その傾向は加速される。

　なぜ集落は存続が難しいのか。もはやそのように問われることすら
ない。むしろ集落の若者は、都市部に出たいから出ているのだから、都
市への流出は良いことだと社会は受けとめてきたし、その具体的な表
現として、都市化が国家を挙げて進められてきた。1968年に制定され
た都市計画法は、第3条（国、地方公共団体及び住民の責務）におい
て第1項「国及び地方公共団体は、都市の整備、開発その他都市計画
の適切な遂行に努めなければならない。」第2項「都市の住民は、国及
び地方公共団体がこの法律の目的を達成するため行なう措置に協力し、
良好な都市環境の形成に努めなければならない。」としており、都市化
に私たち都市の住民は協力しなければならないことになっている。

　とはいっても第2条には「都市計画は、農林漁業との健全な調和を

第7章　小さな集落の存続のために　　165

図りつつ」とは書いてあり、都市化をただ礼賛しているわけではない。東日本大震災をふりかえれば、地震から1か月後の「東日本大震災復興構想会議」は「復興への提言の原則」として第2に「地域・コミュニティ主体の復興を基本とする。国は、復興の全体方針と制度設計によってそれを支える」と掲げていた。一方で第5「日本経済の再生なくして被災地域の真の復興はない」という位置づけによって公共事業の推進に重きが置かれたといえよう。それでも建前は地域・コミュニティの主体性を尊重することだった。

　しかし能登半島地震においては、そのような建前すら失われたといえよう。発災から3か月あまりが経った財政制度等審議会分科会にて財務省は、東日本大震災において土地区画整理事業によって整備した土地の活用状況を整理した表において、被災3県65地区は平均すると75％活用であるものの、具体的な事例としてはA県a地区0％、B県b地区35％などを挙げた資料を提示した。それにより、将来の需要の見通しやランニングコストの負担を見据えて、能登半島被災地域においては集約化を図るべきという考え方を主張して、審議会で支持された。75％の活用が事業の成果として不十分かどうかという議論があって然るべきだったし、そもそも、土地区画整理事業という都市化を志向する事業の選択が誤っていたのかもしれない、集落が散在している地域にもっと適した対応策が他にあったのではないかと反省的な視点に立って考えるべきだったのではないか。

　復興における規範は、能登半島地震においては、かつての「地域・コミュニティ主体」性から、コストを念頭にした行政による「集約的なまちづくり」の合理性へと変わった、と理解すべきだろう。それが集落の置かれた状況である。

　そうした状況に抗して、被災時だからこそ生じる、通常とは異なる取り組みがある。最後にそうした取り組みに触れて、今後の展望を考

察したい。

2　被災集落に戻るための方策

　被災者には仮住まいの連続性と安定性が必要だ[6]。とりわけ小さな集落において、いったん集落の遠方に避難したならば、帰る契機と家、その視点から注目すべきは、石川県の新たな政策である「ふるさと回帰型」応急仮設住宅の仕組みだ。「能登から離れ、みなし仮設住宅等で生活する被災者がふるさとに回帰することを目的とし、集落内の空地等に戸建風の木造応急仮設住宅を整備し、入居期間終了後は市町営住宅に転用することを基本と」しているため、これまで認められなかった「みなし仮設住宅」からの転居を認めている。また集落住民の側が土地を用意して自治体に寄付するという点も、集落住民だからこそ集落の内部の状況を理解しており、円滑に調整し得る。

　第1号となった穴水町下唐川集落では、いち早く情報を入手して、土地を確保しつつ、地域住民が話し合いながら「ふるさと回帰型」と「応急建設型」の仮設住宅への意向を把握して規模などを収めていった[7]。全6戸、3月27日着工、7月17日完成という速さだ。すでに半年近くが経っており、二戸一で向き合う空間には住みこなされているという時間経過の蓄積が感じられる。

　土地を確保するといった負担を被災者に科すべきではない、という批判もあろうが、集落が被災後に立ち上がるにあたっての契機になり得るともいえよう[8]。仮設住宅が恒久住宅になり得るという点については、私有物を提供するべきではないという批判が根強くある。住宅とは何かということが問われなければならないといえよう。

3　小さな集落を存続させる主体

　コストを念頭にした行政による「集約的なまちづくり」ではない方

第7章　小さな集落の存続のために　　167

向性、すなわち集落に戻るという政策の存在は、規範の多様性を社会に示すという価値もある。

　小さな集落を存続させる主体は、そこに暮らす住民にある。住民が存続させたいと考えていない場合に、存続はあり得ない。集落に暮らす人だからこそ、他人や他物とのどんな関係が重要なのか、どんな関係を築いていけば良いのか、がわかる。そうした小さな集落を存続させる主体を尊重することが重要だ。以上が本章の主旨である。

　今後の研究的課題をひとつ挙げておきたい。集落の主体性を尊重するという態度はどういうことだろうか、という点だ。概念としてはわかりやすくても、尊重の仕方は必ずしも明らかではない。それにはいくつか理由がありそうだ。

　一つは集落が個々の住民の集合であるという点だ。住民はさまざまであり、被害も個々に固有であり、とりわけ生業において必要としている支援もさまざまだ。それぞれの生活再建であれば、個々の住民の状態を総合的に捉えて対応していく災害ケースマネジメントが考えられよう。しかし、個々の生活再建の総和が集落の再建につながるとは限らない。集合体である集落の主体性は、被災後にどのように発揮されるのだろうか。しばしば見られる現象として、被災が厳しかった人の意見が通りやすくなることがある。被災が厳しかったからこそ、必要なものが見えていることもあり、このこと自体は悪いことではないだろう。しかし、被災前までの集落における主体性の発揮とは異なることには注意が必要だろう。被災前までに蓄積されてきた集落における知恵を、集落自身が信頼しながら、長い時間軸の中に今次被災を位置づけた議論をすることも必要だ。

　もう一つは集落の範囲が非限定的という点だ[9]。集落はイエから構成されてきた。家族の構成員が携わる生業や他の住民との関係の総体として、集落の暮らしがあった。親子や親族の関係を考慮するT型集落

点検は、家族の中で娘などが結婚して他出した場合でも近距離に住んでいれば、元の家族の生活を支えられる可能性を示唆した[10]。しかし集落は、血縁だけでなく他の集落や都市と結びついている。集落はそうした関係性によって成立しており、単独の復興などあり得ない。こうした状況を鑑みるとき、集落の主体性とは、集落に関係している全主体の主体性と考えて良いのだろうか。限定的な意味での集落という主体の存在を長らく無視した結果が、半世紀以上にわたって固定的に継続してきた都市化だった。そうした状況を是とすることになりかねない双刃の剣だ。しかし、集落の存続には都市民も関与しているのだという事実を重んじることは、都市民が負うべき責任を負うという当然のことでもある。今一度、集落の存続に向けて社会は何ができるのかという点を問い直すことも重要ではないだろうか。

注

1　本章の記述は、内浦町史と現地でのインタビューによる。内浦町史は、現在、能登町のウェブサイトで全文公開している（https://nototown-history.jp/）。
　　インタビューや現地調査は、伊藤江星、堀口耕平、松尾朋輝（いずれも東北大学4年）とともに行った。また本章の図は3人が作成した。

2　被災建物応急危険度判定は、余震等による倒壊や落下などによって人命に係る2次的災害を防止する目的で、市町によって実施され、市町から派遣された応急危険度判定士が外観目視による現地調査にて判定ステッカーを貼っていく制度だ。能登町では、1月8日に始まり、2459棟を対象に1月16日に終了している（赤：危険744棟、黄色：要注意741棟、緑：調査済974棟）。住宅の応急修理制度は「準半壊」以上の被害を受けた住家について日常生活に必要不可欠な最小限度の部分の応急的修理を自治体が行うものだが、能登町では2月13日に始まり、申し込み期限は2024年12月31日から1年間延長されている。どれぐらいの申し込みがあったのかは調査できていない。半壊以上は70万6000円／世帯、準半壊は34万3000円／世帯までが限度額となっている。応急修理制度は、申込者が業者見積書を添付して申し込み、自治体が業者に依頼、修理完了後に修理費用を自治体が業者に直接支払うという仕組みになっている。ま

た、家屋の被害の程度を証明する罹災証明書については、被災者生活再建支援金の申請や建物の公費解体、義援金の受け取りなどに必要となる。申請を受けて、町役場職員が現地で被害認定調査を行うもので、全壊、大規模半壊、中規模半壊、半壊、準半壊、一部損壊（10％未満）の6判定区分になっている。赤紙が貼ってあったり、公費解体の期限が示されたりすると、公費解体を選んでおこうという心情になるのではないだろうか。

3　9月下旬の豪雨においては、仮設住宅を設置するために造成した斜面が崩れて、一部の住戸が床下浸水となり、大きな水たまりができたとのことだった。

4　2007年の能登半島地震以来、特に道下集落を詳細に調査してきた山崎は、被災した個人の状況が、家族や近隣や社会的な状況に大きく左右されるか、その中で創意工夫によって被災を乗り越えようとするか、を示している。山崎寿一（2025）「建築系農村計画の視点からみた包括的復興試論―2007年・2024年能登半島地震・被災集落のモノグラフ研究より―」『都市問題』116号、4-22頁。

5　本稿は2024年10月中旬時点までの筆者による住民の方々へのインタビュー調査に基づいており、高台移転と現地再建の論点は未定であった。

6　田中は、被災者を軽視した居住政策が、仮住まいの不安定さをもたらし、最悪の結果として被災者の孤立死につながっていることを指摘している。田中正人（2025）「被災後の居住政策は何を保障すべきか？―「仮住まい」の危機に抗うための論理―」『都市問題』116号、65-77頁。

7　下唐川における住民による「下唐川団地通信―絆」は、6月1日に第1号を発刊してから、12月12日の最新号73号という驚異的なスピードで、住民間の情報の共有媒体として機能している。窪田亜矢・益邑明伸（2025）「小さい集落の存続のために」『建築とまちづくり』新建築家技術者集団、548号、24-28頁。

8　植田は、たとえば山古志村における人と牛の関係に着目し、牛を避難させて角突きの祭りを続けることが、集落の存続という結果になっていると解している。人が牛を助けて、その牛が集落を存続させる。そうした関係への理解が、何をすべきか、という判断の根底に据えられているべきだろう。植田今日子（2016）『存続の岐路に立つむら―ダム・災害・限界集落の先に―』昭和堂。

9　澤田は、2004年新潟県中越地震の被災地を対象にした考察において、これまで被災地に縁のなかった近隣市街地の市民や、遠方であっても本気で付き合えると被災地住民が感じられる仲間の存在を明示したうえで、地域復興、という考え方を論じている。重要な方向性だろう。澤田雅浩（2025）「人口減少社会における復興事業のあり方を問う」『都市問題』116号、99-107頁。

10 徳野・柏尾は、高齢者の村暮らしを支えている、近居の他出子である娘や嫁
  の果たしている重みを明らかにした。実態を把握する調査によって、限界集落
  論を超える試論だ。徳野貞雄・柏尾珠紀（2014）『T 型集落点検とライフストー
  リーでみえる家族・集落・女性の底力—限界集落論を超えて—［シリーズ地域の
  再生 11]』農文協。

［付記］　本研究は、大林財団研究助成の支援を得て交通費の多くを捻出したこと
  を記して感謝したい。

第8章

複合災害と原発
―能登半島地震の教訓―

立石雅昭

　2024年元日、能登半島北岸とその沖合に推定されていた断層群が、マグニチュード7.6の大地震を引き起こした（図8-1）。この断層群は最初の破壊開始点から東北東及び西南西へと次々に破壊され、全体として長さ150kmに渡って連動し、地盤の隆起・変動をもたらした。9月下旬、元日の地震から復旧途上にあった能登北部を未曾有の豪雨が襲った。この能登北部を襲った多重災害からの迅速な復旧を心から望む。

　能登半島中部の志賀町には北陸電力の志賀原発が立地する。能登半島地震は原発の安全性の点でも新たな課題も投げかけた。能登半島地震による志賀原発への影響から教訓を導き出すとともに、地震被災と原発災害が重なる、いわゆる複合災害による、住民の命、暮らしを守るすべがない現在の防災・避難計画の課題について報告する。

1　能登半島地震の志賀原発への影響

　北陸電力は志賀原発を襲った能登半島地震について、その概要を次のように報告している。

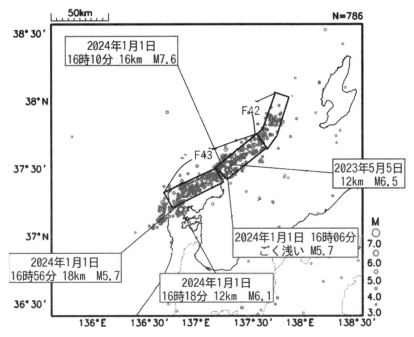

図8-1 能登半島地震の震央分布
注：2023年の北東部での最大地震の震央、および、1月1日の大地震の震央を示す。
出所：気象庁・地震調査研究推進本部資料から筆者作成。

発生日時：2024年1月1日16時10分
震源：石川県能登地方（震源深さ16km）
マグニチュード：7.6
震度：志賀町震度7
　　　（志賀1号機原子炉建屋地下2階の震度計震度5強）
最大加速度：399.3gal
　　　（志賀1号機原子炉建屋地下2階の震度計［合成方向］）
　　　（水平方向：336.4gal／鉛直方向：329.9gal）
発電所との距離：震央距離68km、震源距離70km
観測された津波：志賀原子力発電所前面海域において、約3mの水位上昇

なお、この報告での能登半島地震による敷地内岩盤中の地震動について、東西方向の揺れの応答スペクトルが、周期0.4～0.5秒の部分で、志賀原発の現行の基準地震動（600ガル）による応答スペクトルを上回っていた。北陸電力は関連構造物の耐震設計の基本となる基準地震動を策定する深さでの能登半島地震による推定地震動（はぎとり波）は東西方向で482ガルであり、その応答スペクトルは、2号機の新規制基準への適合申請中の基準地震動1000ガルに基づく応答スペクトルを全周期で下回ると報告している。しかし、この2号機再稼働に向けた審査で、この基準地震動が認められ、耐震補強されたとしても、旧基準での構造物である1号機は耐震補強せず残しておくということになる。複数号機をかかえる原発サイトでは全く同じ問題を抱えている、といえる。

　能登半島地震の志賀原発への影響という点では、志賀原発の1号機／2号機とも定期点検中で停止していたこともあって、幸い重大な事故には至らなかったが、重大な事故になりかねないトラブルも報告されている。重要なトラブルについて、北陸電力の報告をもとに記述する。

1　北陸電力の報告をもとした記述

1)　外部電源は5系統中2系統で損傷

　電源は予備並びに非常用電源に切り替えて確保され、冷却が継続されている。

2)　1号機起動変圧器からの絶縁油漏えい

　地震に伴い起動変圧器に関する警報が発生したため現場確認を行ったところ、起動変圧器のNo.4放熱器から絶縁油の漏えいを確認したことから、使用不可能と判断し、外部電源を受電する変圧器を手動で志賀1号機予備電源変圧器に切り替えた。絶縁油の漏えいはNo.4放

熱器上部配管接続部が損傷したことにより発生し、漏えい量は当該損傷箇所より上部に位置するコンサベータ内の約3600ℓと推定した。なお、絶縁油は堰内に漏えいしていることを確認した。漏えいした絶縁油は、翌2日に地下ピット内の水分も含め約4200ℓを回収した。

3） 志賀2号機主変圧器からの絶縁油漏えい

　主変圧器の絶縁油面の低下を示す警報が発生するとともに、同日（1月1日）16時52分に比率差動継電器が動作し、外部電源を受電する変圧器が主変圧器から自動で志賀2号機予備電源変圧器に切り替わったことから、主変圧器を使用不可能と判断。その後、現場確認をしたところ、No.11冷却器上部配管接続部から絶縁油が漏えいしていることが確認された。同日、絶縁油が漏えいしているNo.11冷却器下部に油吸着マットを設置。また、翌2日にNo.11冷却器の損傷により絶縁油が漏えいした箇所の隔離のために仕切弁（上部、下部）の閉止を行った。他の冷却器についても余震による損傷で絶縁油が漏えいすることを防止するために仕切弁（下部）の閉止措置を行うとともに、損傷したNo.11冷却器への雨水の浸入を防止するための養生を実施した。絶縁油の漏えいは、No.11冷却器上部配管接続部が損傷したことにより発生し、漏えい量は当該箇所よりも上部に位置するコンサベータ、配管及び変圧器本体内の約1万9800ℓと推定した。なお、絶縁油は堰内に漏えいしていることを確認した。漏えいした絶縁油は、2024年1月2日から5日にかけて地下ピット内の水分も含め約2万4600ℓを回収した。

　これらの漏洩した絶縁油は、敷地前面の海域にも流れだし、海を汚染した。

4） タービンの「伸び差大」警報について

　能登半島地震による揺れによる重大なトラブルとして、管理区域内の2号機低圧タービンにおいて「伸び差大」の警報が発生した。1月30日の北陸電力報告では、次のように述べられている。

「地震による揺れにより、『伸び差大』の警報が発生したものと想定される。スラスト軸受に過剰な力が加わりタービン翼が損傷した可能性が高いため、今後タービン内部の点検を実施予定である」。

　9月30日には、この2号機タービンにおける点検結果が次のように報告されている（https://www.rikuden.co.jp/press/attach/24093099.pdf）。

「3月8日よりタービン点検作業を開始。タービンと発電機の軸結合部の切離しのため、タービン潤滑油系統を起動したところ、発電機軸受下部より油の滴下（1滴／分）があり、溶接部の一部にひび割れを確認。今後、補修を実施。スラスト軸受箱の浮き上がりやボルトの緩み等を確認。今後、詳細点検および補修を実施。低圧タービン（A）、（B）、（C）の動翼と静翼との接触痕を確認。高圧タービンの動翼と静翼との接触痕を確認。スラスト軸受のシールリングの変形、メタル部のへこみを確認。スラスト軸受周りの連結管突起部の破損を確認。軸連結部のタービン−発電機カップリングの油切りの変形を確認。軸連結部のタービン伸び差計の破損を確認。発電機回転検出器および回転検出用ギアの損傷を確認。発電機スラストキー固定ボルトの折損を確認。発電機軸受アライメントキー廻りの損傷等を確認。9月26日にタービン・発電機の詳細点検が完了。動翼・静翼等の主要な部位に大きな損傷は確認されなかった。損傷箇所について、必要な補修を行っていく」。

　タービンの損傷はタービンミサイル（急激な負荷でタービン動翼が破損し、ミサイル化して飛散し、周辺装置を損傷する危険性）を引き起こしかねないトラブルだが、そうした視点からの解析／報告、検証はなされていない。北陸電力とともに、規制機関の課題意識の低さが問題である。

第8章　複合災害と原発　　177

2　複合災害時、避難はできない

　能登半島地震が投げかけた原発の安全性にかかる最大の問題は、地震で原発事故が起こった場合、すなわち複合災害時の住民の命をどのように守るのか、という課題である。能登半島地震の被災状況からして、現状の避難計画は全く機能しないことが誰の目にも明らかになった。すでに再稼働している原発も含めて、日本のすべての原発の避難計画を改めて検証するべきである。

1　珠洲原発建設予定地の被災

　能登半島地震の震央に近い珠洲市には関西電力、中部電力、北陸電力3社による原発の建設予定地があった。高屋町と三崎町寺家の2か所である。1975年に建設計画が公表され、珠洲市議会などが建設誘致に動くなか、建設反対の運動が住民によって粘り強く進められ、2003年に建設計画撤回が勝ち取られた。

　予定地だった高屋と寺家は能登半島北岸と北東岸に位置する。これらの地が能登半島地震で隆起したことは知られている。高屋の少し西に位置する輪島市大谷での地震動は1468ガル、高屋の建設予定地の裏手では、能登半島地震の揺れに伴って巨大な岩石をふくむ大規模な斜面崩壊がおきた。この地域は、石川県が「急傾斜地崩壊危険区域」に指定している地域である。予定地の前の海岸も隆起は高いところで1.5mに達している。

　もう一つの建設予定地の寺家も高台から望むと、予定地の南に位置する寺家漁港周辺は、地震で隆起した岩礁が現れ、漁港内に係留されていた漁船が海底の隆起によって出港できなくなり、また、周辺は津波に襲われた。

このように珠洲市で原発建設が予定されていた2か所は、いずれも地震に伴う隆起がおきており、高屋では、震度6強の激しい震動を受け、斜面崩壊が崩壊、道路が通行不能になり孤立した。地震後、原発建設が止められたことを、地元の人たちは心から喜んでいる。

2　自宅待機・指定避難先への移動は不可能

　2011年の福島第一原子力発電所の冷却失敗、爆発事故後、すべての原子力発電所の防災・避難計画が立地自治体の責任で作成・見直されることとなった。原子力発電所の避難計画は、30km圏内（この規定自体、福島原発事故の教訓を無視）について策定される。事故発生時、原発から5km圏内の住民は即時避難、5〜30km圏内の住民は、まずは自宅で待機する。周辺に設置されたモニターで放射線量が一定の量に達すれば、指定された圏外の避難所に、自家用車やバスで避難するとされている。能登半島地震では志賀町北部の旧富来町や輪島市で震度7の地震動が記録され、輪島・珠洲・七尾市、穴水・能登町で計1万7000棟以上の家屋が全半壊するとともに、道路の陥没、亀裂、土砂崩れが起こり、国道等95区間で通行止めとなった。珠洲原発の建設予定地だった珠洲市高屋でも海岸が隆起し、道路が通行不能となり孤立した。

　志賀原発では30km圏内人口は約15万人。石川県作成の避難計画では、志賀原発での放射能拡散事故時には、原発の北方に住まう3万人弱が上記市町村へ避難することとされている（図8−2）。

　日本海沿岸の原発の避難計画をめぐっては、これまでも冬場の豪雪時、避難道路で大渋滞が発生する可能性や、雪に埋もれた住宅を後にして避難できるのか、といった課題が言われてきたが、地震で家が壊れる、道路が寸断されるという事態を目の当たりにして、改めて、現行の避難計画では、周辺住民の命が守れないという現実が突きつけら

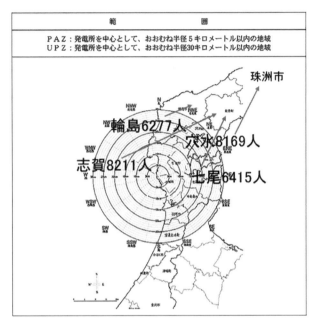

図8-2　志賀原発北部地域の住民の避難先
出所：石川県原子力防災資料をもとに筆者作成。

れた。

　開設が進まなかった福祉避難所の課題も深刻である。珠洲市内の福祉施設では職員が約80人から20人程度減少し、利用者約100人に泊まり込みで対応、要配慮者を受け入れる余裕はなかった。志賀町の3福祉施設のうち2施設で天井の崩落や壁のひびなどで開設できず、開設した1施設でも受け入れ想定20人のところ、90人が殺到。要配慮者の受け入れは断念された。

　福祉避難所は福島原発事故でも全く開設されず大きな課題となっていた。この点は後述する新潟県の3つの検証における生活分科会報告に詳しい。避難所の劣悪な環境とともに、日本における防災・避難態勢の抜本的整備が必要である。

3　放射能測定装置の機能不全

　原発の周辺には、放射線量を測定するモニタリングポストが配置され、住民避難などを判断するとされている。志賀原発ではこのモニタリングポストが96か所設置されていたが、輪島、志賀町、七尾、穴水などの16か所でデータが得られなくなった（図8-3）。

3　能登半島地震の教訓

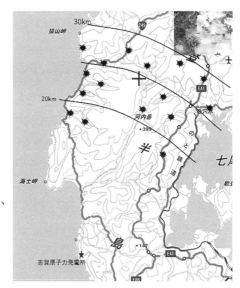

図8-3　志賀原発周辺のデータ通信障害を起こしたモニタリングポスト
出所：原子力規制委員会記者会見に関するNHK NEWS WEB2024年3月1日付（https://www3.nhk.or.jp/news/html/20240301/k10014376321000.html）をもとに筆者作成。

　能登半島地震は、マグニチュード7.6の大地震となった最初の断層の破壊開始点から東北東及び西南西へと次々に破壊が伝わり、全体として長さ150kmに渡って連動した。この能登半島地震は原発の安全性の点でも新たな課題を投げかけている。ここでは、能登半島地震が投げかけている3つの課題をみる。

1　第1の課題

　活断層が連動するかどうかの判断基準がいまだ明らかでないことである。
　図8-1には、M7.6の能登半島地震の本震震央とともに、引き続き発生した比較的大きな地震の震央も合わせ示されている。本震8分後

第8章　複合災害と原発　　181

図8-4 SARによる鑑賞画像解析結果に基づく能登半島地震による
地表の変状から推定された断層

注：断層名は今泉ほか（2018）を参照して書き入れた。
出所：福島ほか（2024）。

に発生した志賀町稗造(ひえづくり)を震央とするM6.1の余震は、北陸電力が短く別個の活断層と評価していた富来川(とぎがわ)断層及び富来川南岸断層の間で発生している。北陸電力は2023年10月の審査資料ではこの2つの断層は連動しないと評価していたが、仮に連動すると長さ17kmになるとしていた。断層の長さ（Lkm）と地震の規模（M）との関係は現在でも使われる松田（1975）の経験式（$M = [\log L + 2.9]／0.6$）によれば、17kmの断層が動けば、M6.1の地震となり、整合する。

今泉ほか（2018）の活断層図では、富来川断層と富来川南岸断層とが間を置いて描かれている。福島ほか（2024）は、SAR（合成開口レーダー）による干渉画像にもとづいて、能登半島地震に伴う地表変状を解析している。半島北部は変状が激しく、乱れが大きいが、少し南部になると変状をもたらした3本の断層が描かれている（図8-4）。この図の右の断層が、富来川断層から富来川南岸断層に一致する。ただ

し、福島ほか（2024）では、南岸断層のやや東の干渉縞模様がずれた部分に引かれているが、富来川南岸断層に相当する線でも縞模様がずれている。SAR干渉画像の乱れに基づく断層と、今泉ほか（2018）の活断層詳細マップを重ねる（**図8-4**）と、この2つの地表に現れた活断層が地下では連続し、能登半島地震では1つの断層として活動したことは疑いようがない。

　本震に続いて北岸沿いの断層が次々に破壊が進行した過程、及び地表に活断層として現れていた富来川断層と富来川南岸断層が地下では連続していて活動したことなど、すべての原発周辺に分布する活断層の連動性を含めた再評価が必要である。

　ちなみに、北陸電力は志賀原発の基準地震動を算定するために、原発敷地周辺の海域・陸域の活断層の調査を行ってきたが、2023年10月の規制委審査への資料においても、富来川断層と富来川南岸断層を連動しないと評価していたが、同様に、能登半島北岸沿いの断層についても、2007年に活動した笹波沖断層との連動を否定し、長さ96kmと評価して、起こりうる地震の規模をM7.8としていたが、能登半島地震を受け、西の方にも延長し、その長さを170kmとした。ただし、長さを従来の1.8倍に伸ばしたが、その断層の活動による地震の規模、ならびに基準地震動への影響については、不明である。

　また、2024年11月に能登の西方沖で相次いで発生した地震（気象庁、2024）の影響も注意が必要である。

2　第2の課題

　地震に伴う地殻変動についてである。

　今回の地震で能登半島北沿岸地域は2〜5m隆起したが、能登半島地震後の国土地理院による観測点での地殻変動の解析結果によれば、能登北部のブロックは全体として、西へ水平移動するとともに、沈降し

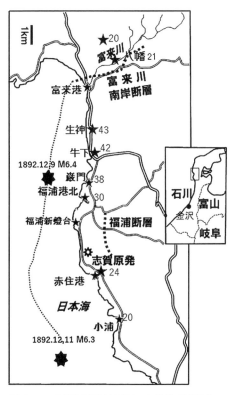

図8-5 志賀原発敷地周辺の中位段丘堆積物の分布高度と推定される富来川南岸断層の海域への延長
出所：能登半島中部西海岸活断層研究グループ（2019）、渡辺ほか（2016）をもとに筆者作成。

た。さらに志賀町北部を走る富来川南岸断層以南のブロックも西への移動と沈降を特徴としている。能登半島地震による地殻の変動は、数10万年間の変動の累積としての能登半島での海成の高位・中位段丘の現在の分布高度の傾向（小池・町田編：2001）とは大きく矛盾している。能登半島北岸沿いでの中位段丘堆積物は東の方では100m以上、他方、西の方では50mになっている。南に行くにつれ、その高度を少しずつ下げる。富来川南岸断層のすぐ北では20mまで下がる。富来川南岸断層以南のブロックも、富来川沿いでは50m近くであり、北部と同じように、南に行くにつれ、少しずつ高度を下げる（図8-5）。地震に伴う地殻の変動と人々の暮らす大地の動きを知るためにも、能登半島地域で最近の数10万年の間に繰り返して生じてきた地殻の変動の結果としての現在の地形と、今、能登半島地震の関わりを明らかにすることが求められる。

　日本の原発はいずれも沿岸地域に立地しているが、これらの立地地域では、原発は12〜13万年前の海の堆積物（海成中位段丘堆積物）が、

20〜30m、さらにはそれ以上の高さの台地上に立っている。図8-5は渡辺ほか（2016）及び能登半島中部西海岸活断層研究グループ（2019）による志賀原発敷地周辺の中位段丘面の分布高度である。電力事業者や原子力規制機関は原発の立地地盤が、なぜ、このような高さになっているのかは全く検討して来なかった。能登半島地震を踏まえるならば、原発の耐震安全性を検証するには、立地地域が受けてきた地殻変動を解明することが急務であり、すでに再稼働している原発も含めて、すべての原発の検証・審査をやり直すべきである。

3　第3の課題

　地震動の伝搬と増幅過程の解明である。

　表8-1には、能登半島地震の本震と8分後に発生した余震（図8-1）の、各地での地震動の観測結果を防災科学技術研究所の強震動観測データから、各観測点での最大加速度、計測震度、震央距離を整理した。本震の際の最大地震動2828ガル（震度7）は、志賀町に位置するK-NET富来で記録された。なお、防災科研の強震動データでは、余震の際の観測点K-NET大谷のデータは報告されていない。この表にみるように、本震、余震とも、地震動は、必ずしも震央からの距離に依存しないことがみて取れる。日本における内陸の活断層による地震は、一般には深さ数キロから20kmくらいの深さで発生し、地殻表層部を構成する地盤を伝わって、各地に揺れをもたらす。地震動が伝わってくる途中の岩石や地層などの特性によって、各地での揺れの大きさが決まる。人々が暮らす大地各地の揺れを予測するためには、まずはどこで地震が発生するかを推定し、その地震が伝わってくる途中の地下の岩石や地層の分布とその特性を知ることが重要である。ちなみに、表8-1には、本震から遠く離れているにもかかわらず、大きく揺れた新潟や長岡の地震動のデータも書き込んだ。新潟では、石川県

表 8-1　能登半島地震本震ならびに 8 分後の余震による各地の地震動

	本震 16:10　M7.6 震央緯度経度　37.49N　137.27E			余震 16:18　M6.1 震央緯度経度　37.20N　136.82E		
	最大加速度	計測震度	震央距離	最大加速度	計測震度	震央距離
K-NET 富来 (ISK006)	2828.2	6.6	63	377.4	4.7	12
K-NET 輪島 (ISK003)	1468.7	6.2	34	757.7	4.8	23
K-NET 大谷 (ISK001)	1006.7	6.2	8			
K-NET 穴水 (ISK005)	1220.5	5.9	44	469.9	5.4	8
KiK-net 富来 (ISKH04)	803.8	5.6	59	435.8	5.1	9
KiK-net 珠洲 (ISKH01)	559.5	5.5	4	52.6	3.5	55
K-NET 大町 (ISK015)	280.4	5.6	44	422.8	5	9
K-NET 正院 (ISK002)	197.5	4.5	6	382.3	4.6	50
KiK-net 志賀 (ISKH06)	212.3	4.7	63	308	4.4	16
KiK-net 柳田 (ISKH02)	123.3	5	25	125.7	4.2	27
K-NET 新潟 (NIG010)	88.4	4.5	160			
K-NET 長岡 (NIG017)	86.4	4.1	139			

出所：防災科研による強震動観測データから筆者作成。

　以上に能登半島地震に伴う地盤の液状化による被害が出たことも、能登半島地震の特徴の 1 つである。原発の安全性を検討するに当たって、検討対象となっている断層から、敷地までの地下の岩石や地層の分布、その構造の調査／解析が欠かせない。なお、能登半島地震で最大の地震動を記録した K-NET 富来でなぜ、これほど大きく揺れたのか、という視点からの分析は、残念ながらみられない。

4　地震は原発の最大のリスク

　原発の最大のリスクは地震である。

　これまでに、日本では原子力発電所の耐震設計基準値を超える地震に見舞われた回数は 7 回ある。原発の安全性を高める上で、地震の活動期にあると言われる日本列島で、地震による原発の安全性の再検証が求められている。何より、原発立地地点における地形の形成過程の結果としての現在の標高が、どのような地殻変動でもたらされたのか、

全く検討対象外におかれている現実は、福島原発事故後に定められた規制基準に沿って、原発の安全性を語れば良いとする電力事業者と規制機関、さらには司法の場も問われている。

1　災害・事故の分析の視点

2014 年 4 月に行われた「原発と人権」の全国研究・交流集会で、福島原発事故に関わる政府事故調査／検証委員も務められた柳田邦男氏の「終わらない原発事故—被害者の視点から」と題する記念講演は原発だけではなく、あらゆる事故・災害における分析の基本的視点として重要である。事故・災害の分析に当たって、被災自治体・住民の視点を普遍化し、論理的に整理することの重要性を改めて強調しなければならない。能登半島地震を語る上でも欠かすことのできない視点である。

2　福島原発事故に関する新潟県の 3 つの検証に学ぶ

新潟県では 2017 年、前年に誕生した米山隆一知事の主導下、柏崎刈羽原発の安全性確立に生かすことを目的に福島原発事故を事故に遭った住民の視点も導入した検証を行うために、技術委員会による事故の要因検証、健康と生活委員会による住民の健康被害と生活環境の検証、そして、避難委員会による避難の検証と 3 つの検証委員会が立ち上げられた。翌 2018 年にはそれらの委員会を統括する検証総括委員会が、池内了氏を委員長として発足したが、その後、知事となった花角英世知事は、各委員会からの報告が出そろった時点で、2022 年の春、検証総括委員長との意見の相違を口実に総括委員会委員の再任を拒否した。各委員会の検証は多岐にわたって行われ、その報告は原発の安全性を向上させるとともに、住民の命を守る上で欠かせない内容でもあるが、その内容をその後の電力事業者や規制機関との議論、さらには県や自

第 8 章　複合災害と原発　　187

治体が自ら作成しなければならない原子力災害時の防災避難計画に生かす整理を進め、体制を構築することを放棄している。筆者は、事故の要因を検証する技術委員会委員でもあったが、検証総括委員会解散の前年21年には、高齢を理由に再任を拒否されていた。

　柏崎刈羽原発の再稼働が目前の課題になっている現在、柏崎刈羽原発の安全性に関する審議は実質的に新潟県に唯一残っている技術委員会に委ねられている。すでに出されている調査報告・検証報告（検証総括委員会が解散させられた後、池内氏がとりまとめられた検証報告含めて）の教訓・課題、並びに新潟県がとりまとめた検証総括報告以降も次々に明らかになった東京電力の原発運転適格性・核防護意識の低さなどの問題についても、東京電力はもとより、規制機関や新潟県の技術委員会に徹底的な科学的審議を求めることが重要となっている。その審議においては、能登半島地震で明らかになった避難や地震動についても深く掘り下げることが求められている。3つの検証報告の中でも、生活分科会でのまとめで強調された「自分ごととして考える」ことの重要性は、柳田（2013）にいう「教訓を生かすとは、専門家、官僚、

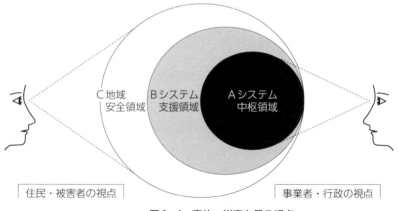

図8-6　事故・災害を見る視点

出所：柳田邦男（2013）。

事業者が『自分や家族がそこに住み続ける立場になったら』という視点から、原発システム三つの領域に鋭い分析の光を逆照射して、欠陥や問題点をさらけ出すこと」であり、「その分析結果の開示は、規制委の重要な任務であり、住民が原発の再稼働を容認するかどうかを選択する上で不可欠の条件」とも共通する提言である。

3　原発回帰との闘い

石破茂自公政権が「原発の最大限利用」をうたい、原発回帰を進める現在、あらためて、福島原発事故に学ぶとともに、能登半島地震の教訓を広く国民の間で共有することが私たちの安全・安心を勝ち取る上で、欠かせない。

参考文献

・福島洋・石村大輔・髙橋直也（2024）「令和6年能登半島地震（M7.6）のSAR画像解析による地盤変動の特徴」2024年1月9日、東北大学災害科学国際研究所、令和6年能登半島地震に関する速報会、発表資料。
・今泉俊文・宮内崇裕・堤浩之・中田高編（2018）『活断層詳細デジタルマップ［新編］』。東京大学出版会、141頁。
・地震調査研究推進本部地震調査委員会（2024）「令和6年能登半島地震の評価」2月9日。
・気象庁（2024）関東・中部地方の主な地震活動。報道発表資料「令和6年11月の地震活動及び火山活動について」。
・小池一之・町田洋編（2001）『日本の海成段丘アトラス』東京大学出版会、105頁。
・国土地理院（2024）「令和6年能登半島地震（1月1日 M7.6）前後の観測データ」2024年報道発表資料（2月8日。
・能登半島中部西海岸活断層研究グループ（2019）「段丘・海食微地形・化石からみる能登半島志賀町中部西海岸地域の後期更新世～完新世地殻変動」地球科学73、205-221頁。
・柳田邦男（2013）『終わらない原発事故と「日本病」』新潮社、222頁。

・渡辺満久・中村優太・鈴木康弘（2015）「能登半島南西岸変動地形と地震性隆起」地理学評論 88-3、235-250 頁。

第 9 章

大災害と自治体職員

戸室健作・黒田兼一

1 過酷な勤務環境に直面した被災自治体職員

2024 年 1 月 1 日の 16 時 10 分に発生したマグニチュード 7.6 の能登半島地震は、人的・物的両面にわたって甚大な被害をもたらした。内閣府のホームページによると同年 12 月 24 日 14 時現在で、地震における死者数は 489 名、住家被害は、全壊 6445 棟、半壊 2 万 3225 棟、一部破損 12 万 29 棟、床上・床下浸水 25 棟となっている。とくに震源地の石川県珠洲市と、同市と隣接する輪島市の死者数は、石川県のホームページによると同年 12 月 27 日 16 時現在で、珠洲市が 151 名、輪島市が 181 名である。

これらの自治体で働く職員は、自らも被災者でありながら、通常業務と並行して震災対応業務に追われることになった。

1 長時間勤務
『しんぶん赤旗』（2024 年 6 月 20 日付）によると、2024 年 1 月の輪島市職員（管理職と休職者等を除く）の時間外勤務は平均 97 時間とな

表9-1　輪島市職員の時間外勤務の平均と最大時間

2024年

職種	1月		2月		3月		4月	
	平均時間	最大時間	平均時間	最大時間	平均時間	最大時間	平均時間	最大時間
行政職	139	331	70	217	68	242	53	204
技能労務職	99	267	53	175	53	167	33	114
保育士	80	249	47	115	34	99	1	15
医療技術職	45	141	4	17	5	23	5	20
看護師	35	161	11	70	11	38	11	30
全職種	97	331	46	217	44	242	33	204

2023年

職種	1月		2月		3月		4月	
	平均時間	最大時間	平均時間	最大時間	平均時間	最大時間	平均時間	最大時間
行政職	12	99	7	68	8	104	18	150
技能労務職	12	65	9	60	6	60	8	60
保育士	1	7	1	8	2	12	1	5
医療技術職	9	29	6	28	7	38	8	30
看護師	23	60	19	41	22	56	24	56
全職種	14	99	9	68	11	104	16	150

注：管理職、休職者等を除く。
出所：『しんぶん赤旗』（2024年6月20日付）。

っている（**表9-1**参照）。「過労死ライン」と呼ばれる、いつ過労死してもおかしくない時間外勤務の時間が月80時間以上とされているが、平均の勤務時間がその過労死ラインをゆうに超えている。職種ごとにみると、とくに、行政職の時間外勤務は平均139時間、技能労務職は99時間となっている。また、1月の時間外勤務の最大時間をみると、行政職では331時間、技能労務職は267時間、保育士は249時間、医療技術職では141時間、看護師では161時間と、殺人的な勤務時間となっていたことが分かる。

　震災から4か月が経過した2024年4月になっても、輪島市の行政職員の時間外勤務の平均時間は53時間で、最大204時間も働いている職員が存在する。なお、震災以前の2023年の時間外勤務の状況をみると、

行政職では、1月に最大99時間、3月に104時間、4月に150時間働いている職員が存在していることが分かる。普段から長時間勤務が恒常化しており、そこに今回の震災対応業務が加わったことで、深刻な勤務負担を職員が負うことになった。

『朝日新聞』（2024年3月3日付）でも、地震が発生した1月における被災自治体職員の長時間勤務の状況について伝えている。それによると、輪島市では、管理職を除く事務職の正規職員が218人いるが、そのうち1月の時間外勤務が100時間を超えた者は167人で、約77%を占める。また、勤務時間を現在集計中とする穴水町では、総務課の担当者によると、1月の時間外勤務が100時間を超えた者は「ざっと8〜9割」に達する。七尾市では、100時間を超えた職員は471人のうち128名で、約27%であった。

同記事では、26歳の珠洲市職員が、被災後の状況を語っている。彼によると、自宅は倒壊しなかったが、市役所までの道路が亀裂だらけで車通勤ができず、市役所に近い避難所に移って、そこから市役所に通った。避難者とともに、配られた食事をとり、段ボールのベッドで横になる。仕事では、12連勤になったこともあるという。休みをとって金沢市の銭湯で1か月ぶりに湯船につかったこと、そして3月3日に避難所から2か月ぶりに自宅に戻ることが記されてある。

2　被災自治体職員の声

地震から7か月が経過した時点で、自治労石川県本部が、被災自治体職員を対象にメンタルヘルス不調などの実態についてのアンケート調査を実施している（自治労石川県本部「能登半島地震による被災自治体におけるメンタルヘルス等に関する実態調査」2024年8月）。具体的には、調査対象期間が2024年7月31日から8月14日で、自治労石川県本部傘下の珠洲市職員組合、輪島市職員組合、七尾市職員組合、

第9章　大災害と自治体職員　　193

穴水町職員組合、能登町職員組合に所属する 667 人の職員を対象に実施し、211 人から回答を得ている。

　それによると、「地震以降、『仕事を辞めたい』と思ったことはありますか？」には 58.1％ が「ある」と答えている。また、地震以降の業務量の変化については、「非常に増えた」が 54.1％、「増えた」が 32.1％ となっている。勤務時間の変化についても、「非常に増えた」が 47.6％、「増えた」が 31％ である。その結果、身体的不調については「ある」が 51.4％、精神的不調についても「ある」が 45.9％ となっている。精神的不調の自由記述欄をみると、「死にたいと思うことがある。職場も喧嘩ばかりで嫌になる」、「寝不足。地震への恐怖で眠れないことが多い」、「初めて取り組む仕事で難易度が高く、プレッシャーが掛かっている」など、深刻な記述がみられる。人員体制については「足りていない」が 71％ となっている。「時間外勤務が 1 月 1 日以降、過労死ライン以上となったことはありますか？」の質問には（過労死ラインについて、「1 か月あたり 100 時間以上、または 2〜6 か月の平均が 80 時間以上」との注釈付き）、「ある」が 52.4％ となっている。さらに、「サービス残業はありますか？」には「ある」が 45％ となっている。

　「最も改善を求めることは何ですか」との質問には、多い順に「人員配置の見直し」（74.6％）、「カスタマーハラスメント対策」（45.4％）、「休暇の取得環境向上」（38％）、「時間外勤務の削減」（35.6％）となっている。「能登半島地震への対応に尽力される中で、改善してほしいこと、国・県・自治体などに求める支援や要望などについて教えて下さい」との自由記述欄には、「人員に余裕のある自治体なんて今時ない。大きな災害の発生頻度が上がる中、災害の度に他の自治体の応援頼みでは対応仕切れない。人件費削減を良しとする風潮はやめてほしい」、「全国各地から対口支援、応援・中長期派遣職員の方々により、今日ま

で行政機関の機能が維持されていることに感謝している。一方で、これからが正念場にもかかわらず、正規職員の退職が相次いでいる。家族と離れ、単身で働いている職員が結構いる。離職がこれ以上加速しないよう、家族に気兼ねなく働ける職場であるよう打開策がほしい」等の切実な声が記述されている。

3　背景にある職員数の急減

　以上のことから分かることは、大地震が起きると、その直後に自治体職員が殺人的な長時間勤務を負うことになること、さらに、困難は一時的なことではなく、地震が発生して半年が経っても継続していることが分かる。そして2024年9月の豪雨災害によって、さらなる業務が加わることになった。

　度重なる災害業務に職員は忙殺されている状況であるが、それでは、能登半島地震の主な被災自治体では、もともと自治体職員の数はどうだったのだろうか。表9-2の①は、主な被災自治体の一般行政職員数の推移を示している。これをみると、1995年から2020年にかけて、全国の「市町村等」の職員数は約2割減っているが、被災自治体ではさらに約3割から4割も減っていることが分かる。とくに能登町は41％減、また珠洲市は40％減となっている。

　ただし、被災自治体では、同期間（1995年～2020年）の人口数の減少も大きくなっている。表9-2の②は、主な被災自治体の人口数の推移を示している。日本全国の人口数が同期間でほぼ同数である一方、被災自治体では、約25％から40％の減少となっている。とくに珠洲市では40％の減少、また能登町では39％の減少となっている。

　これらの結果、被災自治体における一般行政職員1人当たりの住民数は、全国平均よりも低くなっている（表9-2の③参照）。2020年時点で、全国の市（指定都市と特別区は除く）における一般行政職員1

第9章　大災害と自治体職員　　195

表9－2　各自治体の一般行政職員数、人口数、職員1人当たりの人口数の推移

①各自治体の一般行政職員数の推移

(単位：人)

	1995 年	2000 年	2005 年	2010 年	2015 年	2020 年	2020 年÷ 1995 年
市町村等	851,618	848,850	771,872	695,274	678,498	693,347	0.81
市（指定都市と特別区除く）	401,031	397,517	421,492	413,075	400,478	410,416	1.02
町村	247,455	243,295	159,404	92,915	90,324	91,988	0.37
珠洲市	278	267	233	182	181	166	0.60
輪島市	409	409	387	293	280	270	0.66
七尾市	683	666	561	465	444	385	0.56
能登町	353	340	310	244	210	207	0.59
穴水町	118	120	96	92	88	86	0.73
志賀町	329	335	296	246	215	215	0.65

②各自治体の人口数の推移

(単位：人)

	1995 年	2000 年	2005 年	2010 年	2015 年	2020 年	2020 年÷ 1995 年
全国	125,570,246	126,925,843	127,767,994	128,057,352	127,094,745	126,146,099	1.00
市（指定都市と特別区は除く）	70,890,837	72,125,689	79,767,280	80,793,024	79,367,268	78,225,608	1.10
町村	27,561,139	27,060,554	17,503,670	11,900,721	10,957,513	10,388,157	0.38
珠洲市	21,580	19,852	18,050	16,300	14,625	12,929	0.60
輪島市	37,133	34,531	32,823	29,858	27,216	24,608	0.66
七尾市	67,368	63,963	61,871	57,900	55,325	50,300	0.75
能登町	25,590	23,673	21,792	19,565	17,568	15,687	0.61
穴水町	12,053	11,267	10,549	9,735	8,786	7,890	0.65
志賀町	26,965	25,396	23,790	22,216	20,422	18,630	0.69

③各自治体の一般行政職員一人当たりの人口数の推移（②÷①）

(単位：人)

	1995 年	2000 年	2005 年	2010 年	2015 年	2020 年	2020 年÷ 1995 年
全国	147	150	166	184	187	182	1.23
市（指定都市と特別区は除く）	177	181	189	196	198	191	1.08
町村	111	111	110	128	121	113	1.01
珠洲市	78	74	77	90	81	78	1.00
輪島市	91	84	85	102	97	91	1.00
七尾市	99	96	110	125	125	131	1.32
能登町	72	70	70	80	84	76	1.05
穴水町	102	94	110	106	100	92	0.90
志賀町	82	76	80	90	95	87	1.06

注：合併が行われた自治体については、合併前の職員数と人口数は、合併前の各自治体のそれらを合計して算出している。

出所：総務省「地方公共団体定員管理調査」と同「国勢調査」より筆者作成。

表9-3 各自治体における65歳以上の人口割合（高齢化率）の推移

(単位：%)

	1995 年	2000 年	2005 年	2010 年	2015 年	2020 年
全国	14.6	17.4	20.2	23.0	26.6	28.6
珠洲市	27.8	33.2	37.3	41.1	46.6	51.6
輪島市	26.6	31.8	31.4	38.1	43.1	46.2
七尾市	20.1	23.6	26.5	29.6	34.7	38.7
能登町	25.4	31.1	35.5	39.8	45.7	50.4
穴水町	26.4	32.4	35.9	39.4	45.5	49.1
志賀町	23.1	27.3	31.1	34.1	40.2	44.7

注：合併が行われた自治体については、合併前の高齢化率は、合併前の各自治体の人口と65歳以上の人口を合計して算出している。
出所：総務省「国勢調査」より筆者作成。

人当たりの住民数は平均191人であるが、被災自治体の珠洲市は78人、輪島市は91人、七尾市は131人であり、全国平均よりも低い。同じく全国の町村のそれは平均113人であるが、能登町は76人、穴水町は92人、志賀町は87人と、やはり全国平均よりも低くなっている。

　とはいえ、職員1人当たりの住民数が平均より少なかったとしても、そのことは必ずしも職員の負担の軽さを表すものではない。職員数の急減は、職員1人が受け持つ職務範囲を拡大させる。また、表9-3をみると、被災自治体では、住民に占める65歳以上の高齢者の割合（高齢化率）が非常に高くなっていることが分かる。2020年時点で、全国では高齢化率が28.6%であるが、被災自治体では約4割から5割の高さとなっている。とくに珠洲市では51.6%、能登町は50.4%と半数を超えている。当然のことながら、一般的に高齢者には多くのケアが必要であり、基礎的サービスを提供する自治体にとって、高齢者に適切な支援を行っていくためには、現役世代への対応と比較して、より多くのヒト・モノ・カネが求められる。職員1人が受け持つ住民数だけをみて、その自治体職員の負担度を判断することは適切ではなく、超高齢化と住民数の流出が加速度的に進む自治体にとっては、それに伴

第9章　大災害と自治体職員　　197

う大きな負担が日頃から職員一人ひとりに課せられていたと捉えるべきである。実際、先にみた表9−1において、輪島市職員は震災以前の2023年時点でも長時間勤務を恒常的に行っていた。

　こうした状況下にある自治体を、今回、地震や豪雨が襲った。大事なことは、被災者を支える自治体職員が疲弊し、満足に働くことができなければ、能登の復旧・復興はかなわない、ということである。いまこそ自治体職員の痛切な声に耳を傾け、職員数の増大、勤務時間の削減、体調管理の拡充などに取り組まないといけない。本来であれば、こうした取り組みは、災害が起きる以前の平時の状態から、災害を想定して少しずつでも進めていく必要があった。東日本大震災やコロナの時にも主張された教訓を、あと何回繰り返すのだろうか。

（戸室健作）

2　大規模災害と自治体職員の働き方

1　復旧・復興が自治体の日常的基本業務と化した現実

　前節では今回の能登半島地震を中心に考察してきたが、本節では少し目を広げて、大規模災害と自治体職員の働き方という視点から、そこにみられる諸問題を考えることにする。

　日本列島は地震や台風による災害にたびたび襲われてきた。岩手県三陸地方には「津波てんでんこ」という言い伝えがある。「てんでんこ」とは「てんでばらばらに」の方言で、岩手県のホームページには次のように記されている。「津波がきたら、いち早く各自てんでんばらばらに高台へ逃げろという古くからの言い伝えです」[1]。このような言い伝えは三陸だけでなく、日本各地でもみられるかもしれない。日本はまさに自然災害列島というにふさわしいといえる。

　しかし昨今のそれは、かつてとは比較にならないほど「年中行事

化」している。内閣府の防災情報サイトの「最近の主な自然災害について」から、阪神・淡路大震災以降の大災害で、死者・行方不明者が10人以上、もしくは負傷者が100人以上のもののみをみると、全部で113件がリストアップされており、これに今回の能登半島の地震と集中豪雨被害を合わせると115件となる[2]。この約30年間で大災害が115件、概算すれば毎年4件弱大災害が起こっていることになる。まさに「四季毎の年中行事化」、これが誇張した表現とは必ずしも言えない現実が私たちの眼前に広がっている。

　これら大災害、わけても集中豪雨による大災害について、内閣府の『防災白書』は次のように述べている[3]。

　「近年では、令和元年東日本台風、令和2年7月豪雨等により大きな被害を受けており、令和4年度に入ってからも、令和4年8月の大雨、令和4年台風第14号、同第15号等により、被害が立て続けに発生している。近年の平均気温の上昇や大雨の頻度の増加など、気候変動とその影響が全国各地で現れており、我が国にとって重要な問題である」。この「平均気温の上昇」と異常気象についてさらに次のようにいう。「我が国の年平均気温は、世界の平均気温よりも更に上昇の幅が大きくなっており、100年当たりで1.30℃上昇して」おり、「1980年代後半から平均気温の上昇速度が加速している」。そして「この平均気温の上昇と相関するように、全国的に大雨や短時間強雨の発生頻度も増加している」。さらに「日本近海における年平均海面水温は、100年間で1.24℃上昇しており／海面水温の上昇は、一般に台風の勢力拡大に影響を与えるとされており、台風による被害拡大につながるおそれがある」と警告する。

　同白書では地震についても次のように警告している。「南海トラフ地震（マグニチュード8〜9級）の30年以内の発生確率について、10年前の平成25年公表時は60%〜70%であったのに対し、令和5年公表

時では 70％〜80％ との評価がなされており、時間の経過とともに地震の切迫性は高まっている」と。

こうして「気象災害の激甚化・頻発化」と「大規模地震や火山噴火」などが不可避であるとしたら、その災害からの復旧・復興は災害自治体の一時的・臨時的な業務ではなく、日常的な備えも含めて自治体職員の基本的な業務とならざるを得ない。大災害の発生可能性は「今後もさらに高まる」と見通されているのであるから、それへの対策と復旧・復興はこれまでの自治体職員にはなかった新たな日常的・通常業務の１つとなっている。しかし周知のように、1990 年代半ば以降、自治体職員は大幅に削減されている。災害対策が新たな業務に加わってくるとしたら、この職員削減の方針は根本的に見直すべきである。『防災白書』がいうように「それへの備えも怠ることはできない」とすれば、住民の安心・安全を地域と生活レベルから支える自治体職員のあり方は直ちに根本的に変えなければならない。

2 政府・総務省の基本方針

繰り返される自然大災害に対する政府の方策はどうなのだろうか。

阪神淡路大震災は 1995 年 1 月に起きたのだが、地方公務員数はその前年の 1994 年の 330 万人がピークで、その後は減少の一途である。減少率は一律ではないが、全国平均でみると、現在までにピーク時の 2 割近く減少している。これは 1990 年代半ば以降の「行政改革」、「集中改革プラン」、非常勤職員の任用（任期付職員、会計年度任用職員）などを通して積極的に人員削減と外部委託を行ってきた結果である。ところが、新たな自然災害への対応を策定するにあたっても、これらを見直すことはなかった。しかも人口減少社会の到来を理由に、デジタル技術をフル活用して「半分の職員数でも機能が発揮される自治体」、「スマート自治体」を目指しており、大規模自然災害の発生可能性が

「今後も高まる」とされているにもかかわらず、見直されてはいない。公務員削減と非常勤職員の採用は続けられている。

　しかし、こうした「地方自治体改革」を前提にしたままでは、どう考えても大災害からの復旧・復興は無理である。それではどうしているのか。端的にいえば、他の自治体からの応援や派遣で対処することを基本原理にしている。しかもそれを国の指示で行っていくというのである。

　これを実現するために2021年5月に災害対策基本法を改正した。応急対策をより強力にかつ迅速に行うため、総理大臣が内閣府に非常災害対策本部を置き、国から自治体首長に必要な指示をすること、この仕組みを入れるために法改正したのである。

　これを受けて、総務省は「応急対策職員派遣制度に関する要綱」「同運用マニュアル」改正を通知した。これらによって、災害が発生した後ではなく、「災害が発生するおそれがある段階での応援職員の派遣」が即座に可能となったとしている。つまり「全国の地方公共団体の人的資源を最大限に活用して被災自治体を支援するための全国一元的な応援職員派遣の仕組み（＝応急対策職員派遣制度）」を策定したのである。こうしたことから分かるように、災害対応は、災害を想定した最低限の職員の増員ではなく、他の自治体からの職員の派遣をフル活用する仕組みを作ったのである。

　以下、これらの主要な内容をみておこう。

　第1に、「応急対策職員派遣制度」とは、地方自治体間で自主的に協力しあうものとは別に、職務命令による短期の派遣（公務出張）を基本としている。つまり公務出張による派遣・応援を各自治体職員の正式な業務の1つとして位置づけたのである。

　第2に、支援内容の1つは、避難所の運営や羅災証明書の発行など災害対応業務などに必要なマンパワーの派遣である。その具体的なや

り方は、原則として自治体が1対1で被災市区町村に割り当てるとしている（これを対口支援と呼んでいる）。最初は被災地域ブロック内を中心とした地方公共団体が応援職員を派遣し（第1段階支援）、それ以上の支援を必要とする場合には、全国の地方自治体が応援職員を派遣する（第2段階支援）とされている。

　第3に、支援内容のいまひとつとして、被災地の首長への助言、幹部職員との調整、被災地応援職員のニーズの調査など、被災地の復旧・復興全体の管理調整（＝災害マネジメント）がある。それを担う派遣職員は「災害マネジメント総括支援員」（General Adviser for Disaster Management＝GADM）・「災害マネジメント支援員」として、平常時に予め各自治体が決めて総務省に登録しておくというものである。因みに、2024年3月末時点で、災害マネジメント総括支援員は569名、災害マネジメント支援員は906名が登録されているという。総務省によれば、南海トラフ地震や首都直下地震などの大規模災害発生時には1000人規模の総括支援員の確保が必要とされており、より積極的な登録を各自治体に依頼している。

　第4に、総務省は、大規模災害が発生、またはそのおそれがある場合、これらの応援職員の派遣に関しての情報収集、情報共有を行い、そこで必要があると判断した場合は「応援職員確保調整本部」を設置することになる。それ以降、災害支援の具体化はこの「本部」の主導の下で行われることになる。さらに、平常時に、災害マネジメント総括支援員と災害マネジメント支援員の名簿の管理、支援員の訓練を実施するとされている。

　こうして目下のところの国の災害対策の特徴は以下のようにまとめることができる。まず第1に、災害対策が他自治体からの派遣・応援を基本としていることである。派遣・応援が基本であるから、現状では気候変動による未曾有の大災害に見合った対策というよりは、その

場しのぎの応急対策の域を出ていない。しかも第2に、これら応急対策が総理大臣を長とした国家主導・政府主導で進めている仕組みなのである。緊急を要することであるから、時にはトップダウンで進めていく必要もあるだろうが、しかし災害に見舞われた住民たちのことは彼らが住む自治体職員が一番知るところである。住民の安心・安全は基礎自治体での対応から生まれるわけで、対策はトップダウンではなくボトムアップこそを基本原理とすべきで、国がそれを支えるという構造が必要である。改正法の第2条の2に「住民1人1人が自ら行う防災活動及び自主防災組織その他の地域における多様な主体が自主的に行う防災活動を促進すること」が掲げられてはいるが、全体の建て付けはそうなってはいない。第7条には「住民等の責務」が規定され、そこでは国や自治体が実施する施策に協力することが求められているのである。建て付けの構造が完全に逆転している。住民の安心・安全のための災害対策の基本であるべきボトムアップの仕組みが欠落しているといわざるをえない[4]。

　こうして、大地震や異常気象による大災害への対応は、国の指示で全国の自治体が動くという仕組みが法定化されたのである。災害対策とはいえ、全国の自治体が国からの指令で動くという構造なのである。国と自治体の抜本的な構造の変化といわざるをえない。

　国の「指示」で自治体職員が「年中行事化」した災害対応として全国の被災地に応援・派遣することが義務化されたのであるから、それを担う自治体職員の長時間労働が強制されることになる。

3　災害と超長時間勤務の規制

　自然大災害が「年中行事化」し、さらに今後もそのリスクが高まるとされているのであるから、災害対策の計画立案、訓練、そして他の自治体への応援を含む復旧・復興業務が自治体職員の日常的な業務の1

第9章　大災害と自治体職員　　203

つとなる。これらの業務を大幅削減された職員で賄っていくわけだから、必然的に業務量が増加し、勤務時間が長くなる。こうなると2019年から施行された時間外労働の上限規制も、地方公務員の場合は機能しなくなる可能性が高まる。実際、コロナ禍での地方公務員の勤務時間は異常・異様であった。

コロナ禍での自治体職員の勤務時間について、総務省の「地方公共団体の勤務条件等に関する調査」(2020年)によれば、月間100時間を超える時間外勤務の職員数は、都道府県でも指定都市でも、20年度は前年19年度の2倍近くにまでになっている。総務省はさらに2021年にも時間外勤務の詳細な調査を行っており、それによれば、感染対策関係の現業部門では85～93％の職員が上限規制を超える時間外勤務をしている。コロナ感染という緊急事態の対応策は自治体職員の「過労死ライン」を超える超長時間勤務頼みであったのである。

これらの調査は全国調査であるが、おそらく自治体ごとに、あるいは職場(部署)ごとに違っているはずである。自治労連の調査(2021～22年)では、月間80～128時間の時間外勤務の職場が数多くあり、最長時間では200時間を超える時間外勤務の職場もみられたという。なかには1日15時間以上の勤務をほぼ1か月続けることに相当する453時間という途方もないものもあった。異常・異様なこの事態、過労死の犠牲者が報告されてはいないが、それは不幸中の幸い、奇跡としかいいようがない[5]。

このようにみてくると、コロナ禍だけでなく、おそらく大地震や集中豪雨などの被災自治体でも類似の実態があるはずである。今回の能登半島の地震における実態については第1節で明らかにされている。輪島市では震災以前から長時間の時間外勤務が常態化しており、それに震災対応の勤務が加わったことで、異常な超過勤務を余儀なくされてしまった。同様な実態は他の被災自治体でもみられると予想できる

が、残念ながら現在までのところ、それらの実態調査は報告されていない。自然災害の発生が高まっているのであるから、過労死防止という視点からも、それぞれの自治体ごとに詳細な時間外勤務の実態調査が必要である。

　この異常な長時間勤務への規制がないわけではない。2018年に「働き方改革」として労働基準法第36条が改定され、時間外労働月間45時間、年間360時間未満という限度を設けたのがそれである（2019年4月から施行）。ただし、それも特別に協定を結べば、この上限を超えて、1か月100時間未満（連続する場合は平均80時間未満）の範囲内で延長できることになっている。80時間という「過労死ライン」ギリギリまで働かせることができるという、何とも中途半端な上限規制ではあるが、ともあれ時間外労働の上限が設けられた。地方公務員もそれに準じた規制が行われることになった。

　ところが看過できないことに、公務員の場合、この上限規制に「穴」が空いているのである。どういうことか。一方でこのように上限規制をしておきながら、他方ではそれを適用しなくてもよいという規則と法律があるのである。その1つは人事院規則が定める「特例業務」（大規模災害への対処など）に従事する職員には上限規制を適用しないとされていること、2つには労働基準法の第33条第1項の「災害等による臨時の必要がある場合」や第3項の「公務のために臨時の必要がある場合」においては勤務時間の上限規制を適用しないとしているのである。事実、総務省は「特例業務に従事する職員に対し、上限を超えて超過勤務を命ずる必要がある場合については、上限時間の規定は適用しないこと」と通知している。これでは、事実上、上限規制に「抜け穴」を設けているに等しい。

　もはや大規模災害が忘れた頃にやってくるような時代ではない。縷々みてきたように、地球環境の激変と気候変動によって災害が甚大

化・「年中行事化」し、しかもそのリスクが高まることが予想されている時代である。大規模災害への対策と復旧・復興、支援が一時的・臨時的な業務ではなくなっている現実を真っ当に受け止めれば、労基法33条1項と3項、人事院規則「特例業務」の廃止を含む抜本的な見直しが急務である。過労死という不幸な人的災害を未然に防ぐためにも、災害対応時の勤務間インターバル制度を含めた時間外勤務の上限規制の抜本的な見直しが強く求められている。

（黒田兼一）

注

1 https://www.pref.iwate.jp/_res/projects/default_project/_page_/001/012/174/13_teigen.pdf（2025年1月19日閲覧）。

2 内閣府・防災情報ページ https://www.bousai.go.jp/updates/shizensaigai/shizensaigai.html。また2024年1月1日発生の能登半島地震の被害状況は2024年11月26日14:00現在の数値である。

3 内閣府『令和5年版防災白書』https://www.bousai.go.jp/kaigirep/hakusho/pdf/r5_all.pdf。

4 この災害対策の必要性に乗じて、さらに危険な動きがある。第33次地方制度審議会答申（2023年12月）と、それを受けた地方自治法の改正（2024年6月19日）である。そこでは「国民の安全に重大な影響を及ぼす事態」においては、「閣議決定を経て」、各大臣は地方自治体に対して「必要な指示をすることができる」とされた。この「事態」には大規模災害、感染症の蔓延以外に、「その他」として武力攻撃も想定されている。なお、これらについての批判的な研究として、以下を参照されたい。榊原秀訓編著『「補充的指示権」と地方自治の未来[地域と自治体第40集]』自治体研究社、2024年。

5 これらのことは以下を参照されたい。自治労連編『新型コロナ最前線―自治体職員の証言―』大月書店、2023年。

第 **10** 章

持続可能な能登に向けた復興の課題

竹味能成・武田公子

1 なりわいの復興に向けて

1 人口減少の加速化

1) 人口減少の現状

　2024 年 1〜11 月の奥能登 4 市町における人口動態は平均 −7.5% であり、石川県全体の平均 −0.9% に対し大幅な減少となっている（表 10 −1）。この人口減少は、主に 1 月の能登半島地震による災害死（関連死を含む）および地域外への避難等による転出によるものであり、さらに 9 月の豪雨災害による影響を受けたものである。住民票を移動せずに避難した方もおり、実際の人口流出はもっと大きいと考えられる。震災・豪雨災害により地域外に流出した人口は、1 年近く経っても戻ってきておらず、復旧の遅れにより今後もさらに地域外への流出による人口減少が続き、過疎化のいっそうの進行・加速化が心配される。

　とくに、能登半島地震の際に孤立化した集落が 24 地区になり、豪雨災害によっても集落の孤立化が発生した。これらの集落のほとんどは、65 歳以上の高齢者が人口の過半数を占める「限界集落」でもある。一

207

表 10-1　奥能登地域人口動態

（単位：人・％）

	2024 年 1 月 1 日現在数	同 11 月 1 日現在数	増減数	増減率
輪島市	21,903	19,942	−1,961	−9.0
珠洲市	11,721	10,656	−1,065	−9.1
穴水町	7,312	6,914	−398	−5.4
能登町	14,277	13,545	−732	−5.1
奥能登計	55,213	51,057	−4,156	−7.5
石川県計	1,107,848	1,098,321	−9,527	−0.9

出所：石川県総務部統計情報室「石川県の人口と世帯」2024 年（1 月・11 月）より筆者作成。

部の住民の中からは、復旧が進まない中でより安全な地区への集団移転を望む意見がある一方で、復興住宅の集落内での建設を求める意見もある。また行政の側からは「集約的」な復興の手法としての集団移転を進めようという動きも出ている。これらの集落にとっては、地域の「存続」が危ぶまれる事態となっているが、このような問題は多かれ少なかれ能登地域全体で発生しており、人口減少の加速化によって過疎化がいっそう進行し、地域の持続可能性が失われる恐れが生じている。

2）　過疎化の進行の下での、被災地にかかわる住民の要望

　石川県が 2024 年 4 月に行った「のと未来トーク」（能登 6 市町および金沢市で開催、延べ 423 名参加）およびオンラインによる意見聴取（264 件）、関係団体等への調査（アンケート・ヒアリング調査、回答数 111 件）によれば、「能登に住み続けられるような復興」「地域外に流出した住民が戻ってこられるような復興」「能登らしい姿を取り戻す復興」といった視点からの要望が多く出た[1]。

　また、共同通信が 12 月に行った能登 6 市町の被災住民（155 人）へのアンケートでは、復興の課題として、「人口減少」が 57％ で最多となった（これに次いで、「宅地や住まいの整備」が 38％、「インフラの

復旧」が 32％）[2]。被災住民にとって、人口減少の加速化による過疎化のいっそうの進行に対する懸念が大きく、これに対応する施策が求められている。そのために、まず最優先に求められる施策は生活・なりわい環境の復旧・再建であるが、それが遅れている現状にある。さらに、持続可能な地域としての復興にとっては、生活・なりわい環境の新たな構築＝「創造的復興」という課題がある。

2　過疎地域における「創造的復興」のあり方

1）「創造的復興」の手法と問題点

　災害からの復興において、災害前と同じ状態に戻す単なる復旧・再建ではなく、災害前と比べてよりよい社会を形成するための復興を「創造的復興」と呼ぶとすれば、どのような社会の形成を目指し、そのためにどのような「創造的」な手法を用いるのかが問題となる。

　「創造的復興」は、1995 年の阪神・淡路大震災からの復興において兵庫県が提唱した概念であり、その後東日本大震災や熊本地震からの復興においても提唱された。それらの災害復興において、災害に強い地域を作る、とか雇用を創出する、といった目的が掲げられ、そのための国土強靭化、都市再開発、経済成長などの施策が行われ、そのために空港・高速道路の整備・再開発ビル建設などの大規模土木・建設事業や、地域外からの企業誘致の手法が多くとられてきたが、これらの手法は過疎地域における過疎化のいっそうの進行をくい止め、地域の持続可能性を高めるものとならなかった。

2）　過疎化のいっそうの進行をくい止め、地域の持続可能性を高める 　　手法としての「創造的復興」

　人口減少の加速化による過疎化のいっそうの進行をくいとめるためには、まず震災・豪雨災害での避難により転出した住民が戻ってこられるようにすること、これ以上の転出が生じないようにすること、震

災以前にこれまで転出した住民のUターンや新たに転入する移住者（Iターン）の増加を図ることが必要になる。そのためには、震災・豪雨災害からの復旧（生活・なりわいの再建）を早期に実現するとともに、地域内で就業の場を創出・拡大することのできるなりわいの復興が必要である。

　そのための施策として、新しい「創造的な」手法が求められるが、過疎化のいっそうの進行をくいとめ、地域の持続可能性を高める手法として、従来の国の施策に沿うもののみでは不十分であり、地域独自の手法が必要となるのであり、そのような「創造的復興」のあり方が求められる。

3　石川県および能登地域自治体の復興計画の特徴と問題点

1）　石川県の「創造的復興プラン」

　石川県の「創造的復興」の考え方は、「単に震災前の姿に復元するのではなく、元々あった課題を踏まえ、未来志向に立って以前よりも良い状態へと持っていく」ことであり、「人口減少社会に適応しながら持続可能な地域のあり方を実現する」というものである[3]。また、「人口減少や高齢化がさらに加速するおそれ」があるという懸念を示しているが[4]、「人口減少社会に適応」するという部分の内容にはあいまいさがあり、「人口減少の加速化による過疎化のいっそうの進行をくいとめ、地域の持続可能性を高めるための創造的復興」という位置づけを明確にする必要がある。

　また、「創造的復興プラン」の位置づけを、「『石川県成長戦略』（2023年9月策定）に基づく施策の推進を県政運営の基本」として、「今回の地震からの復興に関する事項」を「本プランに基づき推進する」[5]ものとして、「新しい能登」を創造する、創造的復興の象徴としての「創造的復興リーディングプロジェクト」の施策を打ち出している。

その内容は、「関係人口の拡大を図ることが最重点課題」とされ、「二地域居住のモデル構築」による「関係人口の創出・拡大」が目指されている[6]。それに対し、過疎化の進行をくいとめるために必要な「なりわいの復興」は、「創造的復興リーディングプロジェクト」には含まれず、「具体的取組」の中の「能登の特色ある生業（なりわい）の再建」に位置づけられ、『石川県成長戦略』の施策を基本としているため、国の施策に沿う不十分なものであり、地域独自の「創造的」施策となっていない。

2)　能登地域自治体（奥能登4市町）の復興計画（なりわいの復興を中心に）

　輪島市の「輪島市復興まちづくり計画（素案）」（2024年11月）では、「地域を支える生業の再興」として、①地域の伝統文化や自然景観等観光資源の再興としての輪島塗の再興、朝市通りや商店街の再興、総持寺祖院を核とした禅文化の発信・活用、観光産業の復興、観光施設・名所・自然景観等の再整備、伝統文化・祭り等の維持・継続、②農林水産業（里山里海）の再興としての農林水産業の再建・発展に向けた支援、各施設の早期復旧と事業再開、③持続可能な地域経済の再興としての漆器事業者の復旧支援、が掲げられている。

　珠洲市の「珠洲市復興計画（案）」（2024年11月）では、「生産性の向上を図るなりわいの再建」として、①被災した事業施設等の早期復旧・復興支援、②事業再建までの支援、③農林水産業の再建、④地場産業、伝統工芸品産業の再建、⑤商店街・市街地の再建、⑥観光産業の再建、⑦新しい事業の創出、が掲げられている。

　穴水町の「穴水町復興計画」（2024年12月）では、「地域コミュニティとなりわいの再生プロジェクト」として、①地域コミュニティ維持と再生、②被災産業への早期再建支援、③町の魅力の再発見及び新たな魅力の創出、④企業等誘致及び学術機関との連携推進、⑤移住定住人口・関係人口の拡大、が掲げられている。

第10章　持続可能な能登に向けた復興の課題　　211

能登町の「能登町復興計画（最終案）」（2024 年 12 月）では、「生業（なりわい）の再建」として、①農林水産業の再建、②商工業の再建、③観光業等の再建、④能登町ブランドの開発と PR、⑤雇用の維持・創出、担い手の確保、が掲げられている。

　これらの復興計画における施策は、「震災・豪雨災害以前へのなりわいの回復・再建」と、「就業の場の創出・拡大にとって必要な条件整備としてのなりわいの復興」を含んでいる。とくに後者は、地域の産業・企業の復興、地域経済の内発的発展にとって重要な施策であり、同様の施策がこれまでも行われてきたにもかかわらず、過疎化の進行をくい止め、地域の維持可能性を高めることができてこなかった。これは、国の施策に沿うだけでは不十分な点を補う、新しい地域独自の創造的な施策の展開が十分に行われていなかったことを示しており、そのような施策としての「創造的復興」が求められている。

4　過疎化のいっそうの進行をくい止め地域の持続可能性を高めるための、なりわいの復興の課題

1）　農林水産業

　奥能登 4 市町の農林業の就業者数は 2020 年で 2210 人（全就業者数の 7.8%）であり、石川県全体の 1 万 3712 人（同 2.3%）と比較してとりわけ高い比率であり[7]、この地域にとって重要な産業である。兼業農家における自家消費は生活を支える基盤ともなっており、この地域の基幹産業として位置づけ、その存続のための条件整備が必要である。過疎地域のとくに条件不利地域においては、農業の存続のために農家の所得補償、集団営農、有機農業、地産地消、6 次産業化、販路開拓などの地域独自の支援体制が必要である。漁業も就業者数 972 人（就業者比率 3.4%）、と重要な産業であり、農業と同様の地域独自の支援が必要である。

2) 商工業

　能登地域には、漆器業・焼き物業・食品業・酒造業などの多様な地場産業が存在し、製造業の従業者数は、3689人（就業者比率13.0%）になる。地域内の原・材料を使用し、地域内産業連関を形成する内発型の企業が多く、これら産業・企業の発展が重要である。そのためには、新製品・新技術開発、業界の構造改革、事業承継、新規起業、地域内・地域間企業連携などの取り組みに対する支援が必要である。卸・小売業も従業者数は4015人（就業者比率14.1%）になり、その支援が必要である。とくに、行政による業者に対する個別調査・指導の強化が重要である。

3) 観光業

　宿泊業・飲食サービス業の従業者数は1750人（就業者比率6.2%）であり、能登地域の重要な産業である。この産業は、能登地域の自然・文化・風土・歴史を活かし、農林水産業・商工業・サービス業など多くの地域内産業との連関を持つ内発型の産業であり、新たな観光資源の開発・集客、広範な観光関連産業の事業者間の連携や、他の地域内産業との連携、内発型・着地型観光への支援が必要である。

4) サービス業・公務

　医療・福祉分野のサービス業の従業者数は4540人（就業者比率16.0%）であり、石川県全体の中で最も比率が高い。高齢化が進む中で需要が拡大し、重要な産業となっている。公務も従業者数1545人（就業者比率5.4%）と石川県全体の中で最も比率が高く、過疎地域であればあるほどこれらの分野の活動が重要であり、就業の場としての拡大が求められている。

（竹味能成）

2　住まいと暮らしの再建に向けて

1　被災者生活再建支援制度とその課題

　災害対応をめぐる日本の施策や制度は、大きな災害を経るたびに少しずつ進歩してきた。能登の多重災害はこの施策・制度にどのようなレガシーを残しうるだろうか。以下では住まいの再建支援にかかる支援制度の中核となる被災者生活再建支援法（以下、支援法）を中心にその課題をまとめておきたい。

　1998年に制定された支援法は、幾度もの改正を経ているが、中でも重要な改正は前回の能登半島地震および中越沖地震を経た2007年のそれである。この改正の考え方は次のように説明されている。「本制度の趣旨が基本的には被災者の自立した生活再建を後押しするものであるならば、（中略）被災地の地域コミュニティの維持・再生のためにも、現在の複雑な制度を少なくとも高齢者を含む被災者から見て分りやすく、被災者の自立意識、生活再建意欲を高めるものに見直すことが必要である」[8]。過疎地域での災害が相次いだなか、高齢者の多い被災地での地域コミュニティ維持・再生のために住宅再建支援が不可欠であるという観点から、支援金の住宅再建への充当を可能とした改正がなされたのである。

　その後の2020年の改正により、中規模半壊区分が追加され、現行の給付額は①全壊、解体、長期避難で住宅再建の場合最大300万円、②大規模半壊で同250万円、③中規模半壊で100万円の支援額となっており、単身世帯の場合はこの4分の3とされている。被災者の自立した生活再建を後押しするという同法の趣旨に照らせば、同法にはなお多くの課題がある。この制度の網から漏れてしまう事例を補うため、多くの都道府県では独自制度を設けている（**表10-2**）が、これら「上

表 10 - 2　都道府県における被災者生活再建支援制度の上乗せ・横出し

独自制度		適用	団体数	備考
国制度適用外災害・市町村での同等の支援		恒久制度	31	うち全額県負担 9
		指定災害	3	うち全額県負担 1
上乗せ	大規模半壊以上	指定災害	2	
	中規模半壊	恒久制度	6	
		指定災害	2	
横出し	半壊	恒久制度	14	都道府県全額負担 4、他は市町村一部負担
		指定災害	3	
	準半壊等	恒久制度	3	
		指定災害	1	
見舞金等		恒久制度	26	基金設置 2、市町村一部負担 1、他は都道府県負担

注：兵庫県は独自の共済制度のため、上記表には含まない。
出所：内閣府「都道府県独自の被災者生活再建支援制度」（2024 年 4 月 1 日現在）
　　　より独自集計し、筆者作成。

乗せ・横出し」の存在が同法の課題を示唆している。

　第 1 に、支援法は、災害の規模および当該市町村の全壊世帯数や住家が滅失した世帯数の割合によって適用の可否が判断されるため、個々の被災者にとっては同じ被害であっても居住する自治体が異なるだけで支援が受けられないという問題が生ずる。これに対しては**表 10 - 2**に示すように、31 都道府県が独自措置で国制度同等の支援を設けている。石川県内では能登半島地震には県内全市町が適用される一方、奥能登豪雨は輪島市と珠洲市のみが適用対象となっているため、県はそれ以外の自治体に関しても支援を行うとしている。なお、この点での都道府県の独自支援については、国が半額を特別交付税により措置していることから、国も同法の課題として事実上認めるところとなっているといえる。

　第 2 に、半壊以下の被害への支援がないということである。前述の

第 10 章　持続可能な能登に向けた復興の課題　　215

改正で中規模半壊への支援が盛り込まれたが、損害割合30％未満の半壊の場合には依然支援が受けられない。この点に関しては表10-2に示すように、恒久制度としては14団体が半壊、3団体が準半壊に対する支援を設けており、石川県は半壊に関して中規模半壊と同様の支援を行っている。

　第3に、支援金の上乗せである。支援金は再建費用を補償するものではなく、再建を後押しするものという理解から、国の検討会でも支援金額の引き上げにはあまり積極的ではなく[9]、都道府県でも恒久制度として大規模半壊以上への上乗せをしているところはない。指定災害の例は、2020年8月豪雨に関する新潟県・福井県、今般の能登半島地震に関する新潟県で、全壊・解体等の場合の給付上限を400万円としている。石川県は能登6市町の被災者生活再建支援受給世帯のうち、高齢者や障がい者の同居、低所得、地震による生計急変等の要件を満たす世帯に対して「石川県地域福祉推進支援臨時特例給付金」を給付することを決定した。家財や自動車の購入に50万円、住宅再建に200万円が給付される。物価上昇の環境下にあって、後押しになりうる金額への支援額引き上げは検討されるべきであろう。

2　多重被災にかかる支援の課題

　第1章で述べたように、能登地域は1年の間に相次いで激甚災害に見舞われた。このような「多重被災」にあっては、地盤やインフラの復旧に要する時間が長くなり、被災者の住宅再建に向けた意欲を消沈させることになってしまう。過去には2018年7月豪雨の被災地及び2016年熊本地震の被災地が2020年7月豪雨に再び見舞われた事例があり、それに関して全国知事会は次のような緊急要望を出している。「短期間に何度も被災する場合の生活再建は困難を極めることから、被災者支援にあたっては別枠での支援を検討する等、特段の配慮をするこ

と」10)。

　では、多重被災に関して必要な「特段の配慮」とはどのようなことだろうか。

　まず災害復旧についていえば、「同一地域で再び激甚災害が発生した極めて特殊な災害」であることから、国は石川県分の被害について「今回初めて、二つの災害に対して統一した災害査定の効率化内容を適用する」11) とともに災害査定手続きの簡素化を図った。そのほか公費解体や災害廃棄物の撤去・処理に関する支援制度や、なりわい再建支援補助金についても豪雨被害を震災被害と一体的に取り扱うこととされた。

　最も重要と思われるのが、災害救助法や被災者生活再建支援法等が個々の災害単位で適用されることによる申請の複雑化である。地震被害と豪雨被害それぞれ別個に適用されるとしても、被害がいずれの災害の結果であるかの判別は困難であり、双方の罹災判定や避難・仮設住まいの状況によっては給付に不公平が出ることがあり得る。

　中央防災会議のワーキンググループでもこの問題が取り上げられ、「被災者生活再建支援金の支給や被災した住宅の応急修理等の被災者支援は、罹災証明書が交付される災害ごとに実施することが原則であるが、今回は、能登半島地震により被害を受けた住家の修繕が完了していない状況下で、大雨により更に被害が拡大するケースがあったことから（中略）地震と大雨による被害を別々に調査する従来の方法と併せて、被災自治体がいずれかの方法を柔軟に選択できる」12) こととされた。

　これを受けた内閣府と石川県の協議により、罹災証明書における「罹災原因」の記載を「令和 6 年奥能登豪雨及び令和 6 年能登半島地震」（以下、「豪雨と地震」）とする選択も可能とした。それによると、地震による被害と豪雨による被害を峻別できない場合や、豪雨後の被害

認定が地震後のそれを超える場合など、「豪雨と地震」による罹災としての証明を選択することができる。双方の災害ごとに別々の判定を受けて支援制度を利用するか、「豪雨と地震」で罹災判定を受けるかは選択可能であり、被災者により有利な方を選択できる。因みに、前述の「石川県地域福祉推進支援臨時特例給付金」は豪雨災害による被災は対象外であるが、「豪雨と地震」による罹災証明書を得ている場合は給付対象となる。このように、制度がかなり複雑であり、個々のケースによって受けられる支援制度・支援金額が異なってくるため、申請者に寄り添った相談と申請支援が不可欠である。

3 災害ケースマネジメント組織・体制の必要性

　被災者個々の事情や希望、悩みに即して、生活再建までを支えていく上で必要なのが、災害ケースマネジメントである。災害ケースマネジメントは避難局面から始まり、被災者の健康状態や家族形態を見極めた避難先確保、その後の避難生活や仮設住宅、再定住までの長期にわたって、一貫した寄り添い支援を作っていく考え方である。これは比較的新しい概念であり、東日本大震災の経験を踏まえてその役割が注目されてきたが、能登のように避難形態が広域化・複雑化した被災地にあっては、この仕組みを早急に組み上げていく必要があろう。

　被災地では自治体・社会福祉協議会（以下、社協）職員や保健師だけでなく、医療・介護関係者や災害ボランティア団体等の多様なアクターが現地入りし、被災者の個別の声を聞くことが少なくない。しかし、個人情報の壁ゆえに、現場で聞き取られた「つぶやき」が支援に繋げられることはたやすくはない。個々の状況やニーズを総合的に把握し、ピンポイントで制度・政策に繋げていくには、ケースマネジメントの仕組みが不可欠である。また、生活基盤を脅かされ、混乱の中にいる被災者にとって、各種支援策の情報や手続きは多岐にわたり、被災者

が各種制度を熟知して活用することはおよそ不可能といってよい。被災者個々の状況やニーズに即して必要な情報・支援をひとつの手から提供していくことも、災害ケースマネジメントの役割である。

災害ケースマネジメントの流れは以下のようになろう。

①個々の被災者の情報を総合的に把握するための仕組みづくり。石川県では、避難の広域化のなかで、被災者データベースの構築に早期から着手し、LINE 等を通じての被災者把握を進めてきた経緯がある。しかしデータベースを作成すること自体が目的ではなく、この情報を災害ケースマネジメントに繋げていくことが何より肝腎である。

②悩みやニーズの蓄積。多様なアクターが避難所や仮設住宅での見守り・傾聴や居場所づくりを通じて聞き取った被災者の「つぶやき」を①のデータベースに蓄積していくことで、それぞれの抱える悩みやニーズを総合的に把握できるようにする。個人情報の取り扱いを考えればこの情報集約の仕組みづくりは自治体や社協で行わざるを得ない。

③地区・仮設団地等の単位の「ケースマネジメント会議」。この会議は、自治体や社協の職員の他、医療関係者、福祉関係者、司法関係者、NPO 等の支援者等をメンバーとするが、東日本大震災の被災地では仮設団地の見守りにあたる「生活再建支援員」も加わった例がある。ここで②の情報を共有しつつ、各ケースの課題への解決策を探る。

なお、能登の場合には、避難元と避難先の自治体の連携が不可欠であり、③のプロセスには双方の自治体関係者が情報共有できるようにする必要がある。また、発災後の局面によって必要な専門知見は異なってくる。避難局面では介護福祉分野・保健医療分野の知見が、住宅再建局面にあっては建築・司法・金融分野の知見が重要となるため、必要に応じて専門職者の参画やコンサルトを求めることもあろう。

このようなシステムの構築の必要性を踏まえ、全国レベルでの「災害ケースマネジメント全国協議会」が設立され、2024 年 10 月にその

第1回協議会が開催されている[13]。そこで能登半島地震におけるケースマネジメントの一端が紹介されているが、社協が主体となって県・市町単位に組織する「支え合いセンター」を中心とする、行政・民間団体・士業団体等との連携関係が言及されているものの、ケースマネジメント会議への言及はない。ケースマネジメントの組織・体制の構築はなおこれからの課題であろうと思われる。

3 集落機能の再建

　住まいの再建と並行して重要となるのが集落・コミュニティ機能の再編である。能登には数十軒単位の小集落による地域運営が根付いており、里山里海の共同管理・共同作業や相互扶助等の機能を果たしてきた。点在する集落は災害という面からみれば脆弱性と捉えられがちだが、災害時には自主避難所を設置・運営して相互に支え合う役割を果たしている。能登が能登らしく復興していく上では、これら集落とそれを担う人々を取り戻していくことが不可欠である。

　集落の中には、山からの湧水を集落内に引く「地域水道」を管理し、災害時にこれを活用して自主避難所を運営していたところもあれば、自分たちの集落内に仮設住宅を建てて欲しいと土地まで用意して市に掛け合ったところもある[14]。また、現地避難の住民や2次避難先からみなし仮設に移った住民をも含めた LINE グループで連絡を取り合い、集落の今後に向けた話し合いを進めているところもある。このようなレジリエンスをもつ集落の力を後押しするような支援が必要であることは言うまでもない。集落のリーダーには多くの業務が集中しがちで、復興過程でも心身ともに大きな負荷がかかる。こうした人材の疲弊を食い止めるための人的サポートが不可欠である。

　また、他方では住民の多くが域外に避難してしまい、消滅寸前とい

表 10 - 3　地域支援人材に関する事業の比較

制度名	地域おこし協力隊	集落支援員	復興支援員
地域	過疎地域等	過疎地域等	東日本大震災被災自治体
人材像	都市部からの移住者	地域の実情に詳しく、集落運営のノウハウを有する人材	復興活動に興味のある人、現地での支援経験者
活動内容	地域の活性化や定住促進、農業、観光、地域資源の開発など、地域活性化のための活動	集落の巡回・状況把握、住民同士の話合い促進、問題解決の取組み、地域運営組織のサポート等	被災地に居住しながら被災者の見守りやケア、集落での地域おこし活動に幅広く従事
雇用年限	3 年以下	自治体が定める	5 年

出所：総務省「地域力の創造・地方の再生」サイトより筆者作成。

う集落も少なくない。これを放置してしまうと、里山里海の保全を担ってきた力を永遠に失ってしまうことになる。避難先に居住する人々と地元に残る人々を繋いだり、人手の減った地域の共同作業を外部人材とともに担ったりする仕組みが必要だが、このコーディネート役が求められる。このような人材を雇用する既存の仕組みとしては**表 10 - 3**のようなものがある。

　いずれの制度も自治体からの委嘱という形をとり、それにかかる経費に対して特別交付税措置（復興支援員は復興特別交付税）がなされている。復興支援員は東日本大震災の特別措置であるが、他は過疎地域等を中心に活用されている。地域おこし協力隊は主に外部人材、集落支援員は実際の集落の担い手を想定しており、復興支援員の人材像はこの両者を含んだものとなっている。

　能登の集落において求められる人材は、復興支援員のように、外部人材あるいは「通いの復興」の担い手と、現に集落の担い手となっている人々の双方を含む。復興支援員は第 2 期復興集中期間である 2025 年で終期を迎えるが、この仕組みを能登の被災地に援用することを是非とも検討してほしい。

（武田公子）

注

1　石川県「石川県創造的復興プラン」2024 年 6 月、23-40 頁。

2　『北陸中日新聞』朝刊、2024 年 12 月 16 日付。

3　石川県「石川県創造的復興プラン」2024 年 6 月、13-14 頁。

4　同上、19 頁。

5　同上、21 頁

6　同上、43-44 頁。

7　石川県「2020 年国勢調査・就業状態等基本集計結果（石川県関係分）」2023 年 5 月、より算出。

8　被災者生活再建支援制度に関する検討会「被災者生活再建支援制度見直しの方向性について（中間報告）」2007 年 7 月。

9　例えば小林航「被災者生活再建支援法をめぐる動向と論点」『立法と調査』No.429、2020 年 11 月、では「被災者に対する国の支援のあり方に関する検討会」での論点を包括的に整理している。

10　全国知事会「令和 2 年 7 月豪雨による災害への対応及び被災者生活再建支援の充実強化に関する緊急要望」2020 年 7 月 20 日。なお、知事会における支援法関連の検討経緯については前出小林（2020）に詳しい。

11　国土交通省水管理・国土保全局防災課（2024 年 10 月 11 日）記者発表 https://www.mlit.go.jp/report/press/content/001767515.pdf。

12　中央防災会議令和 6 年能登半島地震を踏まえた災害対応検討ワーキンググループ「令和 6 年能登半島地震を踏まえた災害対応の在り方について（報告書）」2024 年 11 月。

13　災害ケースマネジメント全国協議会（第 1 回）2024 年 10 月 29 日、会議資料 https://www.bousai.go.jp/taisaku/hisaisyagyousei/case/r6_kyogikai01/index.html。

14　これら集落の事例については、いしかわ自治体問題研究所『能登半島地震ブックレット第 2 弾―能登半島地震被災地からの発信―』2024 年 12 月、参照。

終　章

惨事便乗型「創造的復興」と「人間の復興」の新たな対抗
―被災地における地方自治とコミュニティ再生の重要性―

岡田知弘

1　問題の所在

　能登半島地震から早くも1年が過ぎた。しかし、被災地では、いたる所に瓦礫が残り、破壊された住家の公費解体もそれほど進んでいない。応急仮設住宅の整備も、昨年9月の集中豪雨のために未だ完了してはいない。避難所や仮住まい、半壊した自宅に住む人たちは、2万人を超える[1]。

　私は30年前の阪神・淡路大震災以来、大きな地震災害の度に被災地を調査し、地域経済学の視点から復興策について提言してきた[2]。今回の能登半島地震の被災地には、2か月後に初めて訪れたが、過去に経験したことのない大きな衝撃と違和感を覚えずにはいられなかった。それは、数千年に一度ともいわれる隆起や沈降といった地殻変動や地盤の液状化による能登地方の街、農山漁村での大規模な被害状況を見たからだけではない。町場や農山漁村を問わず、復旧作業に携わる人々や重機、家のかたづけをする被災者やボランティアの姿をほとんど見かけず、倒壊家屋等が打ち捨てられたままになっていたからである。

223

これは、災害の自然的側面での激甚性だけでは説明できないものであり、明らかに災害に対する備えや災害時の対応をめぐる国や県の姿勢と取り組みに問題があったといえる。このことは、昨年12月27日時点で確認されている震災死亡者504人のうち、実に276人が「震災関連死」であることによっても明らかであり、「政策災害」の側面が強いといえよう。いま、石破茂内閣は、防災庁の設置や避難所の改善をすすめようとしているが、それが能登半島被災地の復旧、復興の改善につながるかどうかは不明である。だが、今後も発生すると予想される首都直下地震や南海トラフ地震等の大災害に備えて、今回の能登半島地震からの復旧・復興のあり方から教訓を得ることが何よりも必要であることはいうまでもない。

　そこで、本章では、国や県の震災対応やその後の復旧・復興政策の基調となっている「創造的復興」のあり方に問題があることを改めて明らかにするとともに、災害対応や復旧過程における地方自治や自治体の役割という点に焦点をあてて考察することにしたい。

　おりしも、昨年の通常国会では、軍拡をすすめている岸田文雄内閣が、内閣が定める「国民の安全に重大な影響を及ぼす事態」、すなわち緊急時において国が地方自治体に「指示」できるとする地方自治法改正を強行した。

　このことが、災害のみならず、「新しい戦前」と称される現代日本のあり方に重要な意味をもつことは、私たちが強く警告してきたことである[3]。国による地方自治体の垂直的支配構造は、明治憲法の目指したところであり、戦後憲法は平和国家日本を実現するために国と地方自治体を対等なものとし、地方自治体に対して団体自治を認め、国民主権論の下に地方自治体の主権者は住民であるとして、住民自治を重要な要素として定めた。今回の地方自治法改正は、いわば緊急事態条項をつくることにより、国による地方自治体の意思決定や行政への直

接介入を認めるということであり、解釈改憲のひとつであるといえる。

　ところが、能登半島地震の激甚被災地の石川県では、地震直後からその後の復旧、復興プラン作成の過程において、国主導の政策策定が地方自治法改正以前から先取り的になされていたといえる。そこから出てくる論点は、国による直接介入が、被災者の命や暮らしを守り、被災地における復旧、復興を効果的にすすめることができているのかどうかという点である。

　国が主導する災害復旧・復興において、もうひとつ注目したいのが、能登半島地震に対する復興予算のあり方である。今回、国は予備費での支出を基本にしてきた。加えて昨年4月時点において、財政効率性の視点から、復興事業の「集約化」を主張する国の財政制度等審議会の報告が出された。SNS上でも「復興よりも移住を」といった議論が渦巻いた。果たして、このような旧態依然たる「コストパフォーマンス」の考え方は、復興現場にどのような影響を与えているのか。さらに、仮にこの考え方が是だとして、それによって災害発生確率が増している大都市圏の住民は救われるのだろうか。これがもう一つ検討してみたい点である。

2　2024 能登半島地震の特徴と被害の特性

1　2024 能登半島地震の特性

　能登半島地震は、2024年1月1日、16時10分に発生した。元日の夕刻前、故郷に里帰りした子どもや孫たちと、お酒も飲みながら新年のお祝いをしている家庭も多かったと想像される。このことが、公務員や消防団員たちの緊急出動の遅れ、さらに避難をめぐる交通渋滞や避難所の混雑を生み出すことになったことは否定できないであろう。

　地震の規模はマグニチュード7.6であり、石川県輪島市や志賀町で

は、最大震度7という大きな揺れを記録した。能登半島では、2007年3月にもマグニチュード6.9の能登半島地震が起きており、この時は七尾市、輪島市、穴水町を中心に死者1名、負傷者193人、住家全壊68棟、半壊164棟の被害があった。さらに、2020年12月からは群発地震が続き、23年5月5日は、珠洲市で最大震度6強の地震を記録しており、住宅や商店、農家の建物や道路、水道等の構造物は、かなり痛んでいたと考えられる。

　今回の能登半島地震の震源地は、これらの群発地震のそれと比べるとかなり長大なもので、能登半島の北部から佐渡島の隣接地に至る150kmに及ぶ震源断層が連続的に動いていたことが明らかとなっている。断層破壊は40〜50秒続いたといわれ、きわめて長くて強い揺れを感じるものであった。津波も、日本海側の広い領域で長時間続くことになった。

　この地震によって、輪島市西部と珠洲市東部では、4メートルから2メートルの隆起が起こり、少なくない漁港が使えなくなるほどの被害がでている。地層分析からは、1500年〜2000年に1回の地殻変動だという指摘もなされている。

　地震動や津波の被害だけではなく、山の大規模な崩壊や地滑り災害は、石川県内にとどまらず、富山県でも見られ、交通が遮断された「孤立集落」が数多く生まれることになった。さらに、液状化現象も、石川県の内灘町や和倉温泉だけにとどまらず、富山県高岡市伏木地区や氷見市、新潟市の住宅街にも広がり、大きな面的被害をもたらした。

2　人的・物的被害の地域性

　ここで改めて、能登半島地震の被害状況を、人的被害と物的被害に分けて、みておきたい。各県がまとめた2024年12月27日時点での死亡者数は、前述したように504人であり、このうち498人が石川県と

226

なっている。さらに、石川県内の震災関連死は 270 人に達するが、まだ 200 人超が審査を申請中だという。その死因も避難 3 か月以内での低体温症や凍死が目立つという。避難所での悪条件や車中泊、あるいは壊れた家やビニールハウスなどへの避難が、高齢者を中心にした被災者の体調悪化をもたらしたといわれている[4]。

　物的被害としての住家被害の方をみると、全壊棟数 6445 棟のうち 6077 棟が石川県に集中している[5]。石川県では、これに半壊、一部損壊棟数を足し合わせると約 7 万 8000 棟がなんらかの被害を受けている。ただし、ここでも液状化被害に襲われた新潟県や富山県での被害棟数がどちらも 2 万棟を超えており、相当規模に達していることに留意すべきである。

　被害の広がりをみてみると、「能登半島地震」というよりも「北陸震災」といった方が妥当かもしれない。その最大の激甚被災地が石川県の能登地方ということになる。ここで表終－1 によって石川県内の市町別被害状況をみると、死亡者の 94％ が輪島市（181 人）、珠洲市（151 人）、能登町（51 人）、穴水町（42 人）、七尾市（42 人）に集中している。

　また、2020 年の国勢調査人口当りの人的被害比率（c/a）が高かったのは、穴水町の 3.8％ であり、これに珠洲市の 3.1％、輪島市の 2.8％ が続いている。また、仮設住宅入居条件となる全・半壊世帯もこれらの市町に集中している。2020 年国勢調査による世帯数当たりの全・半壊棟数を計算すると（d/b）、珠洲市で 69.4％、輪島市で 61.1％ と両市が突出し、これに 51.2％ の穴水町、40.4％ の志賀町が続いている。いかに甚大な被害が奥能登に集中したかがわかる。

終　章　惨事便乗型「創造的復興」と「人間の復興」の新たな対抗　　227

表終-1　石川県における市町村別被害状況（2024年12月27日時点）

	2020年		人的被害				住家被害	
	人口 (a)	世帯数 (b)	死者行方 不明者数	負傷者数	合計 (c)	比率 (c/a)	全・半壊 (d)	比率 (d/b)
金沢市	463,254	207,520	0	9	9	0.0%	276	0.1%
七尾市	50,300	20,328	42	3	45	0.1%	5,372	26.4%
小松市	106,216	41,312	1	0	1	0.0%	80	0.2%
輪島市	24,608	10,208	181	516	697	2.8%	6,235	61.1%
珠洲市	12,929	5,517	151	249	400	3.1%	3,829	69.4%
加賀市	63,220	25,261		0	0	0.0%	68	0.3%
羽咋市	20,407	8,046	4	7	11	0.1%	547	6.8%
かほく市	34,889	12,528		0	0	0.0%	255	2.0%
白山市	110,408	40,958	1	2	3	0.0%	0	0.0%
能美市	48,523	18,192		0	0	0.0%	14	0.1%
野々市市	57,238	26,200		1	1	0.0%	0	0.0%
川北町	6,135	1,915		0	0	0.0%	0	0.0%
津幡町	36,957	13,399		1	1	0.0%	92	0.7%
内灘町	26,574	10,802	5	4	9	0.0%	687	6.4%
志賀町	18,630	7,447	19	104	123	0.7%	3,010	40.4%
宝達志水町	12,121	4,428		0	0	0.0%	90	2.0%
中能登町	16,540	6,103	1	2	3	0.0%	957	15.7%
穴水町	7,890	3,288	42	257	299	3.8%	1,682	51.2%
能登町	15,687	6,458	51	44	95	0.6%	1,225	19.0%
石川県計	1,132,526	469,910	498	1,200	1,698	0.1%	24,419	5.2%

注：世帯数は、一般世帯と施設等の世帯の合計である。
出所：総務省統計局「国勢調査報告」2020年版及び石川県危機対策課「令和6年能登半島地震に
　　　よる人的・建物被害の状況について（第181報）」2024年12月27日により筆者作成。

3　生活・産業基盤の破壊と原発

1　生活・産業基盤の被害

　住家以外の生活・産業基盤の被害も大きく、道路、上下水道、電気、通信、港湾施設といったインフラや学校、病院、福祉施設等の各種公共施設の被害も少なくなかった。能登半島の海岸部を中心に、大規模

な地滑り、がけ崩れが起き、道路が封鎖されて交通が遮断し、孤立した集落も続出した（2024年1月10日、石川県発表分で22集落）。石川県によると上水道の断水は、同年5月31日時点で解消されたとされているが、実際には自宅まで通水できていない住宅や下水管や浄化槽の破壊によって下水が使えない住宅も多かった。

　農業関連施設の被害（石川県全体）も多発し、農地1518件、農道1670件、水路2088件、ため池351件、揚水機203件の被害が報告されている。また、漁業関係では、漁港の損傷（防波堤、岸壁、臨港道路損傷等）が合わせて60港で確認されているほか、340隻以上の漁船が、転覆、沈没、座礁による損壊、流出被害にあったほか、共同利用施設や養殖場も被害を受けている。さらに、林野では340か所で山腹崩壊しているほか、林道が2120か所で路面崩壊、陥没の被害をうけ、47か所の林産加工施設が損壊した。

　また、輪島市の朝市通りが震災直後の大規模火災によって焼失し、商店だけでなく地場産業の輪島塗の工房等も大きな損害を受け、七尾市の最大産業のひとつであった和倉温泉も大規模な液状化被害により復旧のためにかなりの時間と費用を要する状況となっている。

2　志賀原発と柏崎刈羽原発の危険性再び明らかに

　最後に、能登半島地震では、原発についても被害や深刻なトラブルが生じた。最大震度を記録した志賀町に立地する志賀原発では、冷却用の外部電源を取り入れる複数の変圧器で油漏れと損傷を引き起こした。また、2度目の震度6弱の地震で非常用ディーゼル発電機が停止するトラブルがあった。さらに、モニタリングポスト116か所のうち北側の18か所でデータを取得できない事態になったほか、県が指定した20の防護施設のうち6施設が地震によって損壊したことがのちに判明する。しかも、重大事故時の避難ルートとされた11路線のうち、な

んと 7 路線が土砂崩れ等により通行止めとなったのである。事前計画
では、30 キロ圏の住民の少なくない部分が輪島、珠洲方面に避難する
と書かれていたが、これがまったく机上の空論であったことが判明し
たのである[6]。

　もう一つの問題は、北陸電力が、これらの情報をただちに公開せず、
情報を細切れで提供し、かつ訂正を繰り返したことである。

　一方、東京電力柏崎刈羽原発では、地震動のために、放射性廃棄物
貯蔵プールからの漏出事故があった。にもかかわらず、能登半島地震
後も東京電力だけでなく、政府、県、柏崎市長らが原発再稼働に向け
て前のめりの姿勢を強めていることが問題である[7]。

　能登半島では、珠洲市内で珠洲原発建設計画があったが、住民によ
る粘り強い反対運動の結果、その建設計画が 2003 年に頓挫すること
になった。もし仮に、この原発が稼働していたならば、福島第一原発事
故と同様の被害が金沢市や富山県に広がっていた可能性もあり、この
原発立地を阻止した取り組みの歴史的意義は極めて大きいといえよう。

4　なぜ対応が遅れたのか

1　地震に対する県の備えは万全だったのか

　今回の能登半島地震においては、甚大な被害であるにもかかわらず、
行政による対応の遅れが目立っている。その原因は、どこにあるのだ
ろうか。そこで国や県の動きに即して、検討してみたい。

　対応の遅れということでは、元日であったという特殊要因もあるし、
年末から年始にかけて、国会においてパーティ券問題が表面化し、岸
田首相も、石川県の有力議員である森元首相も、そして馳石川県知事
もその対応に追われていた時期とも重なり、東京からみるとかなり遠
い能登半島になかなか足を運ぶこともできなかったという短期的な政

治的要因があったことは容易に想像がつく。だが、ここでは、より構造的な問題を検討してみたいと思う。

第1に、国や県による地震被害想定が低いままになっていた点である。石川県では、2023年に『石川県地域防災計画　地震災害対策編』修正版を作成していたが、そこでは「能登半島北方沖の地震」として被害想定震源断層50km、マグニチュード7.0を想定していた。被災の中心都市は輪島市と珠洲市であるとされたが、「ごく局地的な災害で、災害度は低い」としていた。実際、最大規模の地震でも死者7人、全壊建物120棟、避難者数約2780人と想定していたのである。

ところが、2024年の能登半島地震では、直接死者数は228人、全壊建物6077棟、最多避難者数約3万4000人という被害状況であった。実は、政府の有識者検討会では、2013〜14年時点で海底活断層を調査したうえで、マグニチュード7.6の地震を想定していたが、当時、石川県はこれに対応した地域防災計画の修正を行わなかったのである。

当然、避難所や食料・各種生活用品といった備蓄品も決定的に足りなかったといえよう。また、前述したように志賀原発の防災、避難路の安全対策も甘く、あわや大惨事を招くところであった。さらに、石川県では、災害時の道路等の啓開計画が存在しないことも判明した。国土交通省北陸地方整備局管内の各県とも、同様であり、災害直後に、県内や近隣県の土木建設業者が重機をもって被災地に入り、瓦礫を処理したり応急舗装などをして道路交通を確保する態勢がなかったということである。これも初動体制としては決定的な問題であった。自衛隊についても、熊本地震と比べて、現地に入る部隊や自衛隊員数が極めて少ないという問題が浮かび上がった。

第2に、より構造的な問題として、石川県も推進した2000年代の「平成の大合併」と「三位一体の改革」があり、市町の職員数が大幅に減っていたことがあげられる。ちなみに2005年から20年の間に、表

終　章　惨事便乗型「創造的復興」と「人間の復興」の新たな対抗　　231

表終-2　石川県被災地の市町別職員数及び人口増減率

| | 市町職員数（一般行政職） | | | | 人　口 |
	2005 年	2020 年	増減数	増減率	増減率
金沢市	1,793	1,655	−138	−7.7%	2.0%
七尾市	561	385	−176	−31.4%	−18.6%
輪島市	385	270	−115	−29.9%	−25.0%
珠洲市	233	166	−67	−28.8%	−28.3%
穴水町	96	86	−10	−10.4%	−25.1%
能登町	310	207	−103	−33.2%	−28.0%

出所：総務省「決算カード」より筆者作成。

終-2で明らかなように、輪島市では29.9％、115人、珠洲市では28.8％、67人、そして七尾市では31.4％、176人の職員が減っており、その減少率は人口減少率よりも大きい。合併して、町村役場がなくなった周辺地域ではさらにその減少率が大きいといえる。石川県の土木・農林関係職員も同期間に4分1も減少しており、いざという時の災害対応力が大きく削減されていたのである。

　第3に、建設業者が決定的に不足していた。この間の建設業における「選択と集中」政策と自治体合併による公共工事の減少により、小規模事業者の淘汰が能登地方でも進んでいた。石川県全体としても、建設業許可業者数は、2000年をピークに24年には2割も減少しており、県内業者だけでは災害復旧対応ができない状況があった[8]。これに人手不足や資材高が重なるなかで、労働者を確保できない事態が広がっている。

　第4に、現場の自治体職員が少ない中で、災害対応については国や他の自治体からの派遣に依存することになる。また、避難所や倒壊家屋の片づけ等の現場では個人ボランティアの力を借りることになるが、石川県では当初から交通事情を理由にあげて、個人ボランティアの流入を抑止する対応をとった。3か月たった時点でも、熊本地震時の4

分の1の水準であった。数だけの問題ではない。多くの専門家が指摘するように、ボランティアは行政の下請け業務をしているわけではなく、災害現場では必要不可欠な心のケアやコミュニティづくりを行う存在であり、その役割が発揮できていない点が問題として残されている[9]。

　第5に、倒壊家屋の公的解体が進まない原因のひとつとして、ボランティア不足以上に困難さを増しているのは、石川県が早期に2次避難策をとったことにあるといえる。劣悪な1次避難所や車中泊よりも、生活環境が改善される1.5次避難所や2次避難所は一時的には被災者の心身の健康を維持するために効果があったと考えられるが、約1万人の被災者が中長期にわたり県内外のホテルや旅館に移動し、混住することによるさまざまな問題が生じた。なかでも、北陸新幹線開通による観光客受け入れのため、ホテルからの移動を要請された被災者は、半壊した自宅に戻るか、家族・親戚のところに行くか、あるいはみなし仮設住宅等に移動することを強いられた。また、自宅から遠く離れているために、公費解体や各種助成制度受給の前提となる罹災証明を受け取れないという問題があり、被災現場においては公費解体の遅れ、被災者においては生活再建のめどがたたないという深刻な問題を生み出したのである。

5　復旧・復興をめぐる問題と地方自治・住民自治

1　中越地震における旧山古志村の経験

　能登のような中山間地における災害復興の先行例として2004年の中越地震の際の、旧山古志村の復旧・復興が参考になるといえる。当時、全村避難を強いられた旧山古志村については、新潟県は「創造的復旧」という言葉を使い、合併して、コンパクトシティづくりを志向

していた長岡市の中心部近くへの集団移住と「二地域居住」を推奨した[10]。

これに対して、激甚被災地であった旧山古志村では「山古志に帰ろう」をスローガンに、集落ごと、旧村ごとに移動した仮設住宅の集会室で、連日、地区ごとの復旧・復興計画をつくるワークショップが行われ、3〜4年後に7割の住民が帰還した。この間、生活基盤、産業基盤、防災の3つの視点から、災害に対応できる新しい村づくりを開始したのである。

併せて、新たな特産品づくりを仮設住宅の中で行い、復興公営住宅の建設を被災者である建設業者が手掛けて、内部循環型の復興に取り組んだ。それができた最大の要素は、集落、旧村というコミュニティ単位での議論とそれを施策化した旧山古志村の職員の努力であった。また、鯉の養殖池等の再建のために比較的小規模な災害対策費を使えるようにした復興基金の役割も大きい。

2 「石川県創造的復興プラン」で示された「創造的復興」論

一方、石川県は、被災1か月後の2024年2月1日に、復旧・復興本部を設置し、「創造的復興に向けた基本方針」の検討を開始した。6月をめざして「石川県創造的復興プラン」の策定を、国と「連携」し、関係市町と「調整」しながら進めた。

「創造的復興」は、阪神・淡路大震災や東日本大震災の復興理念に据えられたが、時の政府や自治体トップが進めたい大規模開発事業や先端的プロジェクトに予算や人員の多くを投入し、被災者の生活再建が後回しになってしまう例が多く、それと対置する形で東日本大震災では岩手県のように「人間の復興」を優先する復興理念を掲げた自治体が登場した。

2月1日に県が示した創造的復興プランの素案の冒頭にある「理念」

234

には、「必ず能登に戻す」という言葉が躍っていた。この「必ず能登に戻す」というスローガンは、前出の「山古志に帰ろう」とは異なり、明らかに県や国のトップの「上から目線」であり、強い批判を浴びた。5月21日のプラン案では、この言葉は消え、「地域の考える地域の未来を尊重する」という文言に代わった。

だが、馳浩知事が2月時点で真っ先に口にしたのは、奥能登4病院を統合した能登空港病院構想であった。陸上交通が不便で高齢化が進む奥能登において、厚生労働省が推進してきた病院統合論を先取りすることが、果たして合理的な政策なのだろうか。そのほか、プラン案では、マイナーバーカードを軸にしたDX対応の強化等、中央省庁の意向を反映した施策案が目立った。それは、復興プランの策定の仕方とも関係している。

石川県の復旧・復興本部構成員の座席表をみると、26人のうち古賀篤政府現地災害対策本部長以下各省庁から派遣職員が9名、そして馳知事や県警本部長を除く県の部長級幹部15人のうち少なくとも5人が、震災前から国によって派遣されている国家公務員となっている。具体的には、副知事（経産省）、総務部長（財務省）、企画振興部長（総務省）、農林水産部長（農林水産省）、プロジェクト担当参事（国土交通省）であり[11]、このような国家公務員の地方自治体への派遣は地方創生政策の一環として強化されたものである。ただし、石川県の人口規模からみると派遣幹部の数がかなり多いといえる。これでは、各省庁の施策の実験場として能登半島被災地が使われていると疑われても仕方がないのではないだろうか。逆に、復興計画の策定には、岩手県のように被災基礎自治体の長は参画せず、必要な時にリモートで参加発言する形になっており、あくまでもトップダウン的な計画策定体制であったといえる。

もっと厳しく言えば、当時、国会で審議中の地方自治法改正に盛り

終　章　惨事便乗型「創造的復興」と「人間の復興」の新たな対抗　235

込まれた「補充的指示権」を実質的に先取りして、県や市町の地方自治体の決定に組織内部から関与しながら、各省庁が国の施策を企画、立案、執行したともいえる。

そのような中で、中央政界周辺では野党議員も含めて発災直後から「復興よりも移住促進」「選択と集中で中心都市に移住を」というキャンペーンがなされ、2024年4月9日の国の財政制度等審議会の分科会では、今後の復旧・復興にあたっては、コストを念頭に集約的なまちづくりを念頭におくべきだという提言まで打ち出された。この分科会の会長代理は、「増田レポート」によって「自治体消滅論」を打ち出した増田寛也氏であり、ちょうどそのころ第二増田レポートといわれる「人口戦略会議」報告書を提案したばかりであった[12]。

これらの議論には、被災者の生活再建やそれを支える生業の再生への視点だけでなく、今後予想される首都直下地震や南海トラフ地震への警戒心もほとんどみられない。当座のコストパフォーマンス論だけで中心都市や大都市圏への人口の集中がなされ、そこに大規模自然災害が襲うとなれば、より巨額のコストが発生するのは目に見えているにもかかわらず、である。

加えて、馳知事は、第2回復旧・復興本部会議の総括発言において、「災害と国防の一体化」ということで自衛隊の輪島駐屯地や能登空港の国防機能強化を示唆する発言をあえて行った。ちょうど沖縄県の南西諸島において、自衛隊基地を建設することで人口を増やすという政策が遂行されていたことと符合する動きであった。しかし、軍事施設ができ自衛官が移住したとしても、被災地で暮らしていた住民の生活再建ができなければ、それは復興とはとても呼べないであろう。むしろ「棄民政策」といった方がよい。

3　県成長戦略の一環としての県復興プランと市町復興計画

　6月に県議会に報告された「復興プラン」については、さすがに、馳知事があからさまに言った「病院統合論」とか「国防との一体化論」は言葉としては出てきていない。しかし、柔らかいマイルドな表現となり、その方向も選択できる余地を残した表現となっている。ただし、留意すべきは「能登の復興計画はあくまでも県の成長戦略に基づく」という認識をしていることである。実は震災の前年に県成長戦略が策定され、その残期間が9年あった。そのため復興計画も9年計画ということになったようである。しかし、あくまでも成長戦略の中の一環であるという捉え方しかできてないということである。

　これは復興の計画期間として短すぎる。復興計画は全く別途に考えるべきだが、そうはなっていないわけである。具体的な復興策に関しては、各省庁の施策メニューからとってきており、最初に出てくるのは「二拠点居住」であった。だが、被災者の生活再建や生業再建を、被災者の視点から、あるいは自治体ごとにどのように行うか、という展望が示されていない文書となっていたのである。

　さらに、原発問題、エネルギー政策への言及も、全くない。福島県に学んで、原発を廃炉にし分散型のエネルギー源を地域再生の核にする、と書くべきところ、そのような叙述は見当たらない。

　2024年度末をめどにして、各市町の復興計画づくりがなされている。その中で志賀町だけが策定を終えている（序章参照）。ただ、ここでも原発に関しては何も書いていない。ただし、町計画を読むと、県計画を上位計画としていることを明確に書いている。おそらく県の職員が町幹部に出向したり、アドバイスをしていることもあるのではないだろうか。

終　章　惨事便乗型「創造的復興」と「人間の復興」の新たな対抗　　237

6 憲法の理念と地方自治を生かした復興を

1 「人間の生活領域」に根ざした生業と生活の再建を

　新聞各紙の報道によれば、被災後1年間で、奥能登4市町の人口減少率は8.4%に達し、輪島市や珠洲市の小中学生の減少率は3割に及んでいる。その人口減少に歯止めをかけて、地域を再生していくためには、何よりも生活や生業の再建が必要となる。

　現在、能登半島の被災自治体では、市町の復興計画策定の最終段階に入っている。国や県レベルでの復興計画は、省庁・部署別の縦割り計画になりがちであるが、市町の計画は前述した山古志のように、地域の自然条件を前提にした生活や産業づくりを生活領域である昭和旧村単位で策定し、復興基金が地域内に循環する方向で検討すべきだと考える。そして、珠洲市などでは、そのような方向での地区計画を住民参加で検討しつつあるが、輪島市では依然としてコンパクトシティ化を目指しており、9月集中豪雨災害を経験した町野町の各地域社会の存続が懸念される。

　生活再建を考えると、能登地域では、農林漁業や輪島塗等の地場産業の役割だけでなく、それ以上に医療・福祉事業所の役割が大きい。高齢化が進み、高齢者の医療・福祉需要が大きいだけでなく、そこで働くことができたので、比較的若い世代が収入機会を得ることができていた。

　熊本地震の際には、県が中小企業グループ等補助金制度を活用して、地域内の診療所や福祉施設、そして農業法人も助成対象にした。ところが能登半島地震では、個別経営体の再生を優先する助成金制度となったために、地域経済社会全体の再生に大きな支障をきたしている状況にある。

2024 年 12 月中旬時点でも、奥能登 2 市 2 町では、震災と豪雨被害で、7 割の医療機関が廃業、時間短縮、休診の対応をとらざるをえなくなっていた[13]。福祉施設も同様の状況となっており、スタッフ不足と人口減少の悪循環が続いている。馳知事が表明した安易な病院統合に走らず、地域経済や社会を維持するための特段の施策を医療・福祉分野に投入すべき時である。

むしろ、能登半島地震の教訓は、大災害の時代において、医療福祉、水道や電気エネルギー、食品供給を含めて小規模分散型の都市や農山漁村の再形成をどのように行い、そこでの自然と人間の共生のために地方自治体が住民や地元の農家や企業とともにいかに地域内経済循環を太くしていくかということではないだろうか。

今後の復旧・復興を考えると、前述のような山古志村の教訓を生かして、コミュニティ単位での復旧・復興計画をつくり、それをもとに政府や自治体によるなりわい再建支援金制度等さまざまな補助金を活かしていく必要がある。中越地震では、農家や中小企業者が活用しやすいように復興基金を柔軟に運用した経験があるし、現に能登の各地で被災者を中心にした再生の動きが生まれつつあるので、それらを支援していく姿勢こそ求められている[14]。

2 「人間の復興」を支える、災害・復興法制・体制の整備を図る

一方、石破茂少数与党政権は、防災庁の設置を推進し、とりわけ避難所の改善に力を入れつつある。能登半島地震における避難所の劣悪さは、震災関連死問題でも明らかであるが、その後の応急仮設住宅の狭小さや立地上の問題、集会所の問題等については、すでに指摘されているところである[15]。

今後、南海トラフ地震、首都直下地震等、大都市型の大規模災害の発生が危惧されるなかで、初動態勢だけでなく、復旧・復興段階を見通

した、災害・復興法制の抜本的見直しも必要である。それは、津久井進弁護士らが提言しているように、災害救助法を抜本的に改正（避難所、応急仮設住宅の人権無視の待遇の抜本的改善を図ること）し、被災者中心の原則（①人命最優先の原則、②柔軟性の原則、③生活再建承継の原則、④救助費国庫負担の原則、⑤自治体基本責務の原則）に立つことが必要である。また、被災者生活再建支援法を改正し、従来の住家主義（全壊世帯のみ上限300万円給付）から、被災者の生活基盤の毀損状況を総合的に判断する方式に切り替え、支援対象を、「世帯」ではなく、被災者一人ひとりにすること、さらに支援方法を、金銭給付だけでなく、個別の生活再建条件を考慮し、柔軟に対応できるようにすることも検討すべきである[16]。

　ちなみに2012年12月に中央防災会議が首都直下地震の想定と対応策をまとめている。これによると、発災直後の対応として概ね10時間は、「国の存亡に係る初動」を優先すると書いている。これは中枢機能（中央省庁、一部上場企業本社）の業務の継続性の確保を意味する。そして発災から初期対応（概ね100時間）として「命を救う」がようやく出てくる。そして、これに生存者の生活確保と復旧が続く。東京圏は首都であるがゆえに、人の命よりも、国の存亡に関わる初動が要請されるという特殊な地域でもある。そのための「災害緊急事態布告」も明記されている点に注意する必要がある[17]。首都直下地震はどれぐらいの復旧資金が見込まれるかについて、1990年代にJAPIC（日本プロジェクト産業協議会）が100兆円ぐらいだろうと試算しているが、現時点ではタワーマンション群が湾岸部を中心にずいぶんできているので、その災害規模は数倍になるだろうと予想される。こういう中で人間の命と、そして暮らしの維持、再生がどこまで重視されるのか、ということが能登半島以上に問われてくるといえるだろう。

　これから想定される大災害を念頭におくならば、政府直轄の恒常的

な災害対応の省庁設置も、アメリカの FEMA（連邦緊急事態管理庁）にならって実現すべきではないかと考える。災害対応を県レベルに任せると、人事異動があまりにも激しく、過去の災害経験が全く継承されてないからである。これは連続する災害への対応力をさらに低めているといえる。とはいえ、石破政権が現時点で言っているのは、避難所の充実という点であり、その後の復旧・復興過程の支援については何も語られていない。現状の復興庁は時限立法で東日本大震災対応だけである。自衛隊を災害対応のための専門組織として編成替えするかどうかということも、必然的に一つの争点になってくるであろう。

　また、義援金に頼らない災害財政制度を臨時的な予備費という制度枠ではなく、災害備蓄的な制度にすることも必要である。

　県や市町村においては、専門部署職員を置くだけの人員配置とそれを保障する地方交付税交付金を恒常的に措置することが必要である。

　最後に、中小企業が地域の担い手であるにもかかわらず七尾市以北の能登地方では、中小企業振興基本条例が存在しない。私は調査と併せて、自治体や商工会議所、商工会、金融機関で条例制定を、災害を機にやるべきであると提案活動をしてきている。

　東日本大震災のあとに、福島市の中小企業振興基本条例のような形で、風評払拭も含めた形での文言が入る条例もできてきている。さらに岩手県では、震災後、復興需要は地元の業者に優先的に発注すべきだとして公契約条例と中小企業振興基本条例を併せてつくっている。自治体が、復旧、復興、そして事前復興を見据えて、このような条例を整備しておくことが必要だといえる。

7　憲法を被災地で生かす

　財政制度等審議会分科会報告の底流には、「過疎地だから全面的に復

旧する必要はない」という考え方がある。これは財政事情と居住地域の差によって差別を設けることを意味している。果たして住民の命とくらしにそのような差をつけていいのだろうか。

すでに、首都直下地震への中央防災会議での対応案でみたように、首都圏であるからこそ、あるいはお金がかかるからこそ、被災者の命や暮らしよりも、首都機能の維持が最優先されることは明らかであろう。

今必要なことは、財政事情を理由に、被災者を避難所や被災地から追い出す方向ではなく、被災者の平和的生存権、幸福追求権、そして生きるための財産権を保障するために、災害の多様性に柔軟に対応できる地方自治体の災害対応力を充実させる方向、すなわち憲法を被災地で生かす方向であるといえる。この視点は、今後予想される首都直下地震の被災地をはじめ、どの地域でも普遍性をもっている。財政事情や居住地によって、人間の命に差を設けてはならない。「人間の復興」こそ、最優先されなければならない。大都市圏ほど復旧・復興予算は巨額となり、人間の命や暮らしは置き去りにされる可能性がある。その意味で、能登半島被災地の復旧・復興のあり方は、災害大国日本の将来を左右する試金石となろう。

［追記］本稿は、阪神・淡路大震災から30年に当たる2025年1月17日に脱稿した。したがって、参考にした文献、資料類は、それまでに発表さたものに限られていることを断っておきたい。

注
1　『京都新聞』2025年1月1日。
2　岡田知弘『震災からの地域再生―人間の復興か惨事便乗型「構造改革」か―』新日本出版社、2012年、参照。
3　詳しくは、榊原秀訓編著『「補充的指示権」と地方自治の未来』自治体研究社、

242

2024 年、参照。

4　NHK ニュース、2024 年 12 月 26 日。

5　消防庁災害対策本部「令和 6 年能登半島地震による被害及び消防機関等の対応状況（第 116 報）」2024 年 12 月 24 日時点。

6　市川章人「能登半島地震が問い直す原発の危険性」『NO NUKES　まちの便り　まちの声』第 34 号、2024 年 5 月、児玉一八『能登と原発』かもがわ出版、2024 年、参照。

7　にいがた自治体研究所編『能登半島地震が明らかにしたものは』同所、2024年参照。

8　国土交通労働組合「能登半島地震・インフラ復旧の現況と課題」『建設政策』第 215 号、2024 年 5 月。

9　高林秀明「能登半島地震の被災地にみる人権と自治の課題」『暮らしと自治くまもと』2024 年 5 月号。

10　岡田知弘・にいがた自治体研究所編『山村集落再生の可能性』自治体研究社、2007 年。

11　内閣人事局「国と地方公共団体との間の人事交流の実施状況」（2023 年 10 月1 日現在）による。

12　『東京新聞』2024 年 4 月 17 日。岡田知弘「人口戦略会議『新増田レポート』を検証する」『住民と自治』2024 年 8 月号を参照。

13　『京都新聞』2024 年 12 月 15 日。

14　いしかわ自治体問題研究所『能登半島地震　被災地からの発信　人間の復興へのみちを考える』能登半島地震ブックレット第 2 弾、同研究所、2024 年、参照。

15　高林秀明「能登半島地震・豪雨の被災者の人権」『前衛』2025 年 2 月。

16　津久井進「大震災後に作られた法律は、被災者を救済したのか」綱島不二雄・岡田知弘・塩崎賢明・宮入興一編『東日本大震災復興の検証』合同出版、2016年、津久井進『災害ケースマネジメント◎ガイドブック』合同出版、2020 年。

17　中央防災会議「首都直下地震の被害想定と対策について（最終報告）」2012 年12 月 https://www.bousai.go.jp/kohou/kouhoubousai/h25/74/special_01.html による。

[能登半島地震合同研究会代表]

中山　徹（なかやま・とおる）奈良女子大学名誉教授
　　　　　　　　　　　　　　自治体問題研究所理事長

[執筆者]

中山　徹　同上

武田公子（たけだ・きみこ）金沢大学教授

桑田但馬（くわだ・たじま）立命館大学教授

小山大介（こやま・だいすけ）京都橘大学教授

柳沢深志（やなぎさわ・ふかし）医師・石川県民主医療機関連合会副会長

西村　茂（にしむら・しげる）金城大学教授

窪田亜矢（くぼた・あや）東北大学教授

立石雅昭（たていし・まさあき）新潟大学名誉教授

戸室健作（とむろ・けんさく）千葉商科大学教授

黒田兼一（くろだ・けんいち）明治大学名誉教授

竹味能成（たけみ・よしなり）元金沢学院大学教授

岡田知弘（おかだ・ともひろ）京都橘大学教授

＊掲載順

［編者］
自治体問題研究所
自治労連・地方自治問題研究機構

検証と提言　能登半島地震

2025 年 4 月 25 日　　初版第 1 刷発行

編　者　自治体問題研究所
　　　　自治労連・地方自治問題研究機構

発行者　長平　弘

発行所　株式会社 自治体研究社
　　　　〒162-8512 東京都新宿区矢来町 123 矢来ビル 4F
　　　　TEL：03・3235・5941／FAX：03・3235・5933
　　　　http://www.jichiken.jp/
　　　　E-Mail：info@jichiken.jp

ISBN978-4-86826-003-5 C0036　　　　　　印刷・製本：モリモト印刷株式会社
　　　　　　　　　　　　　　　　　　　　DTP：赤塚　修

自治体研究社

災害時代を生きる条件
──住民自治・普遍主義・ケア実践

高林秀明著　　定価 2970 円

阪神・淡路大震災から 30 年、そして能登半島地震。被災者の暮らしと自然、社会、制度などとの関わりを捉え、災害対応のあり方を考察。

人間復興の地域経済学
──地域とくらしの歴史・理論・政策

岡田知弘・岩佐和幸編著　　定価 3960 円

経済のグローバル化や多発する自然災害を背景に、今、日本の経済社会は転機を迎えている。地域形成の諸課題を政治経済学の視点から追究。

地域づくりの経済学入門 [増補改訂版]
──地域内再投資力論

岡田知弘著　　定価 2970 円

「コロナショック」は病床や保健所削減の誤り、そして東京一極集中の危険性をはっきりと示した。人間の生活領域から地域内経済を考える。

「補充的指示権」と地方自治の未来 [地域と自治体第 40 集]

榊原秀訓編著　　定価 2530 円

「改正」地方自治法には国の強い指示権が盛り込まれ、指定地域共同活動団体制度も創設された。これらの地方自治の集権化と形骸化に警鐘。

地域から築く自治と公共

中山　徹著　　定価 1210 円

「戦争できる国」づくりを進める政府。学校や病院の縮小再編、職員削減・非正規化に走る自治体。市民不在の政治を自治と公共性から問う。